合同会社の法制度と税制

第三版

【編著】葭田英人

【著】金城満珠男・酒井健太郎・内田 光

税務経理協会

第三版はしがき

　平成18年5月施行の会社法により創設された合同会社は，当初は認知度が低くあまり活用されませんでした。しかし，出資者と経営者が同一であり，内部関係・意思決定手続の設計がシンプルで，社員全員が有限責任社員です。そして，新規設立が認められなくなった有限会社に代わって小規模な事業形態の法人化に利用されることが多いことから，社会的に注目され，使い勝手の良い会社形態として活用されています。

　さらに，合同会社は，設立が簡単でコストが安く会社を維持しやすいこと，柔軟な規律が適用され経営の自由度が高いこと，などから設立件数が近年著しく増加しています。合同会社の活用状況は，中小法人の起業，投資ファンド，コンサルタント業，情報産業，知的財産事業，ジョイント・ベンチャー，大企業の子会社，米国企業の日本法人，地域活性化事業，太陽光発電，農業法人，漁業法人など，として多く利用されています。

　今回，第三版の刊行に際し，第二版の内容に加え，「第Ⅶ章　合同会社の利用形態」を追加し，合同会社の利用形態の具体的な内容の説明を加えることにより，合同会社のメリットや活用方法が一層明らかになることを目的として改訂しました。本書が，読者の方々にとって十分に参考になる有意義な内容となり，その理解が深まることを期待します。

　また，第三版の刊行にあたり，初版以来格別の配慮をいただいた税務経理協

会編集第一グループ部長小林規明氏をはじめ編集グループの方々に厚くお礼を申し上げます。

平成 31 年 1 月
葭田　英人

第二版はしがき

　平成27年3月31日，平成27年度税制改正に係る改正法が成立し公布されました。改正法では，課税ベースの拡大等により財源を確保しつつ，経済の好循環の実現を後押しするため，法人減税を先行させるものとなりました。具体的には，欠損金の繰越控除の見直し，受取配当等益金不算入の見直し，法人事業税の外形標準課税の拡大などを行い，中小企業に配慮しつつ大企業中心に実施するものでした。しかし，経済産業省や経済界が要望していた合同会社に関する改正はありませんでした。

　また，平成26年6月20日に改正会社法が成立し，平成27年5月1日に施行されました。コーポレートガバナンスの強化と親子会社法制の見直しを改正の中心とし，平成18年5月に施行されて以来の大改正であり，平成18年5月施行の会社法により創設された合同会社も10年目に入りました。

　時代のニーズにより画期的な会社として登場した合同会社も，創設当初は認知度が低くあまり活用されませんでしたが，近年，柔軟性に富んだ特性を持った会社としてその使い勝手が認識され，社会的に注目されるようになりました。その活用も多岐にわたり，個人事業の法人化から大企業の子会社やジョイントベンチャーまで設立が著しく増加しています。

　今回，第二版の刊行に際し，初版の内容に加え，必要と思われる補正を行い，直近の動向を盛り込み，その特有の取扱いをやさしくかつ詳細に解説するとともに，合同会社の法制度やそれに伴う税制上の特徴を整理し，その仕組みや存在意義及び課題を一層明らかにすることを目的として改訂しました。本書が，読者の方々にとって十分に参考になる有意義な内容となり，その理解が容易となることを期待します。

また，第二版の刊行にあたり，初版以来格別の配慮をいただいた税務経理協会第一編集部長小林規明氏をはじめ編集部の方々に厚くお礼を申し上げます。

平成 27 年 7 月

葭田　英人

はしがき

　平成18年5月1日に施行された会社法も8年目に入りました。株式会社を中心とした会社制度の抜本的改正により経営の選択肢が増加し，機動的な経営を図ることを目的としたものであり，特に，中小規模の閉鎖会社である有限会社を廃止して株式会社に統合し，特例有限会社として存続できるものとしました。

　また，定款自治の拡大や会社の機関設計が柔軟化され，最低資本金制度を廃止し，新たな剰余金分配規制を導入する一方，会計参与制度の創設や組織再編の整備などが図られ，なかでも画期的な新たな会社類型として，自由度の高い合同会社が創設されました。

　合同会社は日本版LLCとも呼ばれ，アメリカのLLC（Limited Liability Company）をモデルとして日本に導入されました。合同会社は，株式会社のように内部規律に強行規定が適用されることはなく，内部規律の面から組合型であり，対外的には社員の有限責任が確保され，会社の内部関係においては，組合的規律が適用されるという特徴を有する会社です。

　会社の所有と経営が一致し，社員の個性が重視され，社員が所有すると同時に自ら業務執行を行い，全社員の総意により会社運営を行っていくという人的結合の強固な会社形態をとっています。

　本書においては，近年著しく増加傾向にあり，活用の幅を広げつつある合同会社の仕組みについて詳解し，他の企業形態とも比較検討するとともに，設立・運営・組織変更に関する法制度や税制上の特徴について実務的な面から解説します。

　本書は，企業経営者や起業者，また，企業形態を変更しようとしている者及び弁護士，司法書士，税理士等の実務家に十分に役立つ内容であり，新しい企業形態ということからできるだけ平易で簡潔な解説となるよう心がけ，幅広く読者からご理解をいただけるものと考えています。

また，出版に際し，いろいろとお世話くださった税務経理協会第一編集部長の小林規明氏をはじめ編集部の方々に厚くお礼申し上げます。

平成 25 年 11 月

葭田　英人

目　次

第三版はしがき　　i

第Ⅰ章　合同会社の創設と意義

1　合同会社と有限責任事業組合の創設の背景　　2
　1　会社法制定 …………………………………………………………………… 2
　2　合同会社の創設 ……………………………………………………………… 3

2　合同会社の意義　　5
　1　導入の背景 …………………………………………………………………… 5
　2　特　質 ………………………………………………………………………… 5
　3　メリット ……………………………………………………………………… 6
　4　活用方法 ……………………………………………………………………… 7

3　有限責任事業組合の意義　　8
　1　導入の背景 …………………………………………………………………… 8
　2　特　質 ………………………………………………………………………… 8
　3　組合員の責任 ………………………………………………………………… 9
　4　出　資 ………………………………………………………………………… 9
　5　長所・短所 ………………………………………………………………… 10

第Ⅱ章　合同会社の概要

1　設立及び登記の手続　　12
　1　設立手続 …………………………………………………………………… 12
　　（1）定款作成 ……………………………………………………………… 12

		(2) 出資の履行 ·· 21

　　　(2) 出資の履行 ･････････････････････････････････ 21
　　　(3) 設立無効・取消しの訴え ･････････････････････ 21
　　　(4) 定款変更 ･････････････････････････････････････ 23
　　2 設立登記 ･･･ 23

2 社　員　28

　　1 社員の責任 ･･･････････････････････････････････････ 28
　　2 持分の譲渡 ･･･････････････････････････････････････ 28
　　3 誤認行為による責任 ･･･････････････････････････････ 29
　　4 社員の加入 ･･･････････････････････････････････････ 29
　　5 社員の退社 ･･･････････････････････････････････････ 30
　　　(1) 任意退社 ･････････････････････････････････････ 30
　　　(2) 法定退社 ･････････････････････････････････････ 30
　　　(3) その他の退社 ･････････････････････････････････ 31
　　　(4) 退社した社員の責任 ･･･････････････････････････ 31

3 業務の執行　33

　　1 業務執行社員 ･････････････････････････････････････ 33
　　2 法人業務執行社員 ･････････････････････････････････ 34
　　3 代表社員 ･･･ 34
　　4 業務執行社員と会社の関係 ･････････････････････････ 35
　　　(1) 善管注意義務と忠実義務 ･･･････････････････････ 35
　　　(2) 競業禁止と利益相反取引の制限 ･････････････････ 35

4 計　算　37

　　1 総　則 ･･･ 37
　　2 会計帳簿と計算書類 ･･･････････････････････････････ 38
　　　(1) 会計帳簿 ･････････････････････････････････････ 38
　　　(2) 計算書類 ･････････････････････････････････････ 39
　　3 資本金の減少と債権者保護手続 ･････････････････････ 46

（1）損失のてん補のための資本金の減少 ……………………… 46
　　　（2）出資の払戻しのための資本金の減少 ……………………… 46
　　　（3）持分の払戻しのための資本金の減少 ……………………… 47
　　　（4）債権者保護手続 ……………………………………………… 48
　　4　損益分配と利益の配当 ……………………………………………… 50
　　　（1）損益分配 ……………………………………………………… 50
　　　（2）利益の配当 …………………………………………………… 51
　　　（3）利益配当の制限 ……………………………………………… 52
　　　（4）利益配当に関する責任 ……………………………………… 53
　　　（5）求償権の制限 ………………………………………………… 53
　　　（6）期末欠損てん補責任 ………………………………………… 54
　　5　出資の払戻し ………………………………………………………… 56
　　　（1）出資の払戻しの制限 ………………………………………… 56
　　　（2）出資の払戻しに関する責任 ………………………………… 57
　　　（3）求償権の制限 ………………………………………………… 57
　　6　持分の払戻し ………………………………………………………… 58
　　　（1）退社による持分の払戻し …………………………………… 58
　　　（2）債権者保護手続 ……………………………………………… 59
　　　（3）業務執行社員の責任 ………………………………………… 60

5　組織再編等と登記手続　61

　　1　種類変更 ……………………………………………………………… 61
　　　（1）合名会社の種類変更 ………………………………………… 61
　　　（2）合資会社の種類変更 ………………………………………… 61
　　　（3）合同会社の種類変更 ………………………………………… 62
　　　（4）登記手続 ……………………………………………………… 62
　　　（5）登録免許税 …………………………………………………… 62
　　2　組織変更 ……………………………………………………………… 63

  (1) 合同会社から株式会社への組織変更 ……………………… 63
  (2) 株式会社から合同会社への組織変更 ……………………… 64
  (3) 登記手続 ……………………………………………………… 65
 3 組織再編 …………………………………………………………… 66
  (1) 合併 …………………………………………………………… 66
  (2) 会社分割 ……………………………………………………… 66
  (3) 株式交換 ……………………………………………………… 67
  (4) 株式移転 ……………………………………………………… 67

6 解散と清算 68

 1 解　散 ……………………………………………………………… 68
  (1) 意　義 ………………………………………………………… 68
  (2) 解散事由 ……………………………………………………… 68
  (3) 解散した合同会社に対する制限 …………………………… 69
  (4) 登記手続 ……………………………………………………… 69
 2 清　算 ……………………………………………………………… 69
  (1) 意　義 ………………………………………………………… 69
  (2) 清算開始原因 ………………………………………………… 69
  (3) 清算人 ………………………………………………………… 70
  (4) 債権者に対する公告等 ……………………………………… 71
  (5) 債務の弁済の制限 …………………………………………… 72
  (6) 残余財産の分配 ……………………………………………… 72
  (7) 帳簿資料の保存 ……………………………………………… 72
  (8) 社員の責任の消滅時効 ……………………………………… 72
  (9) 登記手続 ……………………………………………………… 73

7 登記上の特徴 74

第Ⅲ章　合同会社と各種企業形態の比較

1　有限責任事業組合との比較　76

 1　共通点 ·· 76

 2　相違点 ·· 76

  (1)　法人格の有無 ·· 76

  (2)　業務執行 ·· 77

  (3)　監視義務 ·· 77

  (4)　純資産額規制 ·· 78

  (5)　組織再編等 ·· 78

  (6)　解　散 ·· 78

  (7)　登　記 ·· 79

  (8)　税　制 ·· 79

2　合名会社・合資会社との比較　81

 1　共通点 ·· 81

  (1)　社　員 ·· 81

  (2)　業務執行社員 ·· 82

 2　相違点 ·· 82

  (1)　出　資 ·· 82

  (2)　計　算 ·· 83

  (3)　出資の払戻し ·· 83

  (4)　持分の払戻し ·· 84

  (5)　組織再編等 ·· 84

  (6)　清　算 ·· 85

  (7)　登　記 ·· 86

 3　合名会社・合資会社から合同会社への種類変更 ····························· 87

  (1)　社員の責任内容の変更に伴う規定 ·· 87

(2) 組織再編等 ……………………………………………………… 88
　　　(3) 登　記 …………………………………………………………… 88
3　特例有限会社との比較　　90
　1　共通点 ……………………………………………………………………… 90
　2　相違点 ……………………………………………………………………… 91
　　　(1) 機関設計 ………………………………………………………… 91
　　　(2) 業務執行 ………………………………………………………… 91
　　　(3) 株式・持分・新株予約権 ……………………………………… 92
　　　(4) 計　算 …………………………………………………………… 93
　　　(5) 組織再編等 ……………………………………………………… 93
　　　(6) 登　記 …………………………………………………………… 93
　3　特例有限会社から合同会社への組織変更 …………………………… 94
　　　(1) 機関設計 ………………………………………………………… 95
　　　(2) 組織再編 ………………………………………………………… 95
　　　(3) 登　記 …………………………………………………………… 96
4　株式会社との比較　　97
　1　共通点 ……………………………………………………………………… 97
　2　相違点 ……………………………………………………………………… 97
　　　(1) 設立手続 ………………………………………………………… 97
　　　(2) 機関設計 ………………………………………………………… 98
　　　(3) 業務執行 ………………………………………………………… 98
　　　(4) 計　算 …………………………………………………………… 99
　　　(5) 株式・持分の譲渡・払戻し …………………………………… 99
　　　(6) 組織再編 ………………………………………………………… 100
　　　(7) 解散・清算 ……………………………………………………… 100
　　　(8) 登　記 …………………………………………………………… 101
　3　株式会社から合同会社への組織変更 ………………………………… 102

(1) 機関設計 ……………………………………………………………… 102
　　　(2) 社員（株主）の権利 ………………………………………………… 102
　　　(3) 計　算 ………………………………………………………………… 103
　　　(4) 組織再編 ……………………………………………………………… 103
　　　(5) 登　記 ………………………………………………………………… 103
　　4　合同会社から株式会社への組織変更 …………………………………… 105
5　比較検討　106

第Ⅳ章　合同会社の税制

1　法人課税の特徴　110
2　社員に対する課税　114
　　1　役員給与に係る課税 ………………………………………………………… 114
　　　(1) 損金に算入される給与 ………………………………………………… 114
　　　(2) 不相当に高額部分の判定 ……………………………………………… 118
　　　(3) 法人社員に支給する給与 ……………………………………………… 119
　　2　社員の加入に係る課税 …………………………………………………… 119
　　　(1) 出資の払込みによる場合 ……………………………………………… 120
　　　(2) 持分の譲渡による場合 ………………………………………………… 127
　　　(3) 各税法に規定する時価 ………………………………………………… 131
3　資本に関する課税　138
　　1　損益の分配に係る課税 …………………………………………………… 138
　　　(1) 会計上の留意点 ………………………………………………………… 138
　　　(2) 税務上の留意点 ………………………………………………………… 138
　　　(3) 会計処理と申告調整 …………………………………………………… 139
　　2　利益の配当に係る課税 …………………………………………………… 141
　　　(1) 会計上の留意点 ………………………………………………………… 141

(2) 税務上の留意点 ································· 142
　3　減資による欠損てん補 ································· 142
　　　(1) 会計上の留意点 ································· 142
　　　(2) 税務上の留意点 ································· 143
　　　(3) 会計処理と申告調整 ····························· 143
　　　(4) 手　続 ··· 144
　4　出資の払戻しと持分の払戻し ··························· 145
　　　(1) 会計上の留意点 ································· 145
　　　(2) 税務上の留意点 ································· 147
　　　(3) 会計処理と申告調整 ····························· 149
　　　(4) 手　続 ··· 151

4　組織変更等に関する課税　152
　1　合同会社から株式会社への組織変更 ····················· 152
　　　(1) 基本的な考え方 ································· 152
　　　(2) 会計上の留意点 ································· 153
　　　(3) 税務上の留意点 ································· 154
　2　株式会社から合同会社への組織変更 ····················· 158
　　　(1) 基本的な考え方 ································· 158
　　　(2) 会計上の留意点 ································· 158
　　　(3) 税務上の留意点 ································· 160
　3　種類変更 ··· 163
　　　(1) 基本的な考え方 ································· 163
　　　(2) 会計上の留意点 ································· 164
　　　(3) 税務上の留意点 ································· 164
　4　解散・清算 ··· 165
　　　(1) 解散によるみなし事業年度 ······················· 165
　　　(2) 残余財産が確定した場合 ························· 165

第Ⅴ章　合同会社と有限責任事業組合の税制上の比較

1 法人課税と構成員課税　168
1　事業体に対する課税 ……………………………………………………… 168
　（1）　現　状 ……………………………………………………………… 168
　（2）　損益分配に対する課税 …………………………………………… 169
2　合同会社に対する課税 …………………………………………………… 169
　（1）　概　要 ……………………………………………………………… 169
　（2）　合同会社に対する構成員課税の可能性 ………………………… 170
3　有限責任事業組合の課税 ………………………………………………… 170
　（1）　概　要 ……………………………………………………………… 170
　（2）　構成員課税と連結納税制度 ……………………………………… 171
　（3）　組合員に対する損益の帰属時期 ………………………………… 172
　（4）　組合員に対する損益の帰属方法 ………………………………… 173
　（5）　損益の帰属方法における留意点 ………………………………… 173

2 租税回避行為防止策　176
1　事業体課税と租税回避行為 ……………………………………………… 176
2　合同会社に対する租税回避防止策 ……………………………………… 177
　（1）　概　要 ……………………………………………………………… 177
　（2）　同族会社の行為計算否認規定 …………………………………… 178
　（3）　特定同族会社の留保金課税制度 ………………………………… 179
　（4）　資本に関係する取引等に係る税制 ……………………………… 179
3　有限責任事業組合に対する租税回避防止策 …………………………… 180
　（1）　概　要 ……………………………………………………………… 180
　（2）　総組合員に対する業務執行の義務付け ………………………… 180
　（3）　損失の分配制限 …………………………………………………… 181
　（4）　提出書類 …………………………………………………………… 181

3 利益配当と損益分配に係る課税　184

1　概　要 ··· 184
2　合同会社の利益配当に関する課税 ································· 185
　(1)　出資比率と異なる分配割合 ··································· 185
　(2)　分配割合の変更 ··· 185
　(3)　二重課税排除策 ··· 185
　(4)　合同会社の損失 ··· 186
2　有限責任事業組合の損益分配に関する課税 ····················· 188
　(1)　出資比率と異なる分配割合 ··································· 188
　(2)　分配割合の変更 ··· 188
　(3)　損失分配の課税上の留意点 ··································· 188

4 加入と脱退に関する課税　192

1　概　要 ··· 192
2　合同会社 ·· 193
　(1)　入社に関する課税 ·· 193
　(2)　有利発行に該当する場合の留意点 ·························· 193
　(3)　退社に関する課税 ·· 194
3　有限責任事業組合 ··· 194
　(1)　加入に関する課税 ·· 194
　(2)　現物出資に係る留意点 ·· 194
　(3)　脱退に関する課税 ·· 195

5 消費税等の納税義務者　197

1　概　要 ··· 197
2　合同会社に係る消費税等の納税義務者 ··························· 197
3　有限責任事業組合に係る消費税等の納税義務者 ················ 198
　(1)　納税義務者 ·· 198
　(2)　資産の譲渡等の認識 ··· 198

（3）連帯納付義務 ……………………………………………………… 198
　6　比較検討　199
　　1　法人課税と構成員課税の比較 ………………………………………… 199
　　2　合同会社と有限責任事業組合に適した事業 ………………………… 200

第Ⅵ章　合同会社の税制上の課題

1　総　説　202
2　諸外国における事業体課税　203
　　1　アメリカ ………………………………………………………………… 203
　　2　イギリス ………………………………………………………………… 204
　　3　ドイツ …………………………………………………………………… 204
　　4　フランス ………………………………………………………………… 204
　　5　まとめ …………………………………………………………………… 205
3　合同会社と構成員課税　206
4　合同会社の税制の在り方　207

第Ⅶ章　合同会社の利用形態

1　ジョイントベンチャー　212
2　大企業の子会社　213
3　持株会社　214
4　農業・漁業の法人化　215
5　資産の流動化・証券化のためのビークル　216

索引 …………………………………………………………………………… 219
参考文献 ……………………………………………………………………… 225

凡　　例

会社法……………………………………………………………会社	
会社法施行規則………………………………………………会施規	
会社計算規則…………………………………………………会計規	
会社更生法……………………………………………………会更	
金融商品取引法………………………………………………金商	
商法……………………………………………………………商	
商業登記法……………………………………………………商登	
会社法の施行に伴う関係法律の整備等に関する法律………整備	
民法……………………………………………………………民	
民事再生法……………………………………………………民再	
有限会社法（廃止前）………………………………………有限	
有限責任事業組合契約に関する法律………………………有責	
有限責任事業組合契約に関する法律施行令………………有責施令	
有限責任事業組合契約に関する法律施行規則……………有責施規

国税通則法……………………………………………………国通	
所得税法………………………………………………………所税	
所得税法施行令………………………………………………所税令	
所得税法施行規則……………………………………………所税規	
所得税基本通達………………………………………………所基通	
法人税法………………………………………………………法税	
法人税法施行令………………………………………………法税令	
法人税法施行規則……………………………………………法税規	
法人税基本通達………………………………………………法基通	
相続税法………………………………………………………相続	
相続税法施行令………………………………………………相続令	
相続税法基本通達……………………………………………相基通	
財産評価基本通達……………………………………………財基通	
消費税法………………………………………………………消税

消費税法基本通達…………………………………………	消基通
租税特別措置法……………………………………………	租特
租税特別措置法施行令……………………………………	租特令
租税特別措置法施行規則…………………………………	租特規
登録免許税法………………………………………………	登税
登録免許税法施行規則……………………………………	登税規

なお，本書は平成30年6月現在の法令による。

第 I 章
合同会社の創設と意義

1 合同会社と有限責任事業組合の創設の背景

1 会社法制定

　会社は，会社法施行前において，旧商法及び有限会社法の規定に基づき，社員（構成員）の責任内容により合名会社，合資会社，株式会社，有限会社に区分されていました。

　株式会社においては，発行する株式の全部又は一部について株式の譲渡制限を定款で定めない公開会社と，全ての株式の譲渡制限を定款で定めた非公開会社（全株式譲渡制限会社），さらには，大会社（資本金5億円以上又は最終の貸借対照表の負債総額200億円以上の会社）とそれ以外の会社に分類する改正がなされました。

　また，会社法の施行に伴い有限会社法が廃止され（整備1条3号），中小規模の閉鎖会社に適した旧有限会社は株式会社に統合されましたが，既存の有限会社が全て株式会社に移行することによる混乱や負担を強いることを避けるため，政策上の判断から，その実体を維持したまま会社法を適用することとし，「会社法の施行に伴う関係法律の整備等に関する法律」（以下，整備法という）により，会社法の規定による特例有限会社（株式会社）として存続するか（整備2条1項），商号を有限会社から持分会社（合名会社・合資会社・合同会社）や株式会社に変更するかの選択を，その会社の自由に委ねています。

　したがって，会社法施行後は，有限会社を新たに設立することは認められませんが，特例有限会社は，「有限会社」という商号を継続使用できる株式会社

であり（整備3条1項），存続期間に制限はなく，登記の必要もありません。

一方，新たな会社類型として合同会社が創設され，社員の個性が重視され，人的信頼関係の強い会社形態をとることから，合同会社と合名会社，合資会社を包括的に持分会社として整備しました。

2 合同会社の創設

合同会社は，株式会社のように内部規律に強行規定が適用されることはなく，会社の内部的には民法上の組合であり，対外的には有限責任という会社類型です。会社の所有と経営が一致し，社員の有限責任が確保され，会社の内部関係については組合的規律が適用されるという特徴を有する会社です。

また，株式制度を採用せず，全社員の総意により会社運営を行っていくという人的結合の強固な会社形態をとるという共通の特質を有することから，合名会社や合資会社とともに持分会社として規定されました。

一方，民法上の組合の特例として，「有限責任事業組合契約に関する法律」（平成17年8月1日施行）に基づいた有限責任事業組合は，会社形態ではありませんが，有限責任制であり，内部自治原則をとり，構成員課税（パススルー課税）という特徴を有します。

有限責任事業組合は，イギリスにおけるLLP（Limited Liability Partnership）をモデルとし，合同会社が法人課税の適用となったことから，構成員課税（パススルー課税）が適用できる事業体として急遽登場したものです。

このように，会社は，持分会社（合名会社・合資会社・合同会社）と株式会社（株式会社，特例有限会社）に区分され，会社がどの形態を選択するかにより事業の成否が大きく影響されることになります。

しかし，株式会社においては，会社法による制限が，機動的・効率的な会社経営の妨げとなり，合名会社・合資会社では，出資者が無限責任のリスクを負うことから，出資者全員が有限責任であり，定款自治による機動的・効率的な経営が可能な新しい企業形態の創設の要望が経済界からあり，経済産業省が中

心となって，合同会社と有限責任事業組合が創設された背景があります。

2 合同会社の意義

1 導入の背景

　合同会社は，アメリカにおける LLC（Limited Liability Company）をモデルとして日本に導入されたものです。LLC は，アメリカでは会社と組合の中間的な位置付けであり，1977 年にワイオミング州で創設されましたがあまり普及しませんでした。

　しかし，内国歳入庁が，LLC の構成員課税（パススルー課税）を 1988 年に認めたことにより導入が広がり，1995 年までに全州で LLC 法が制定されました。1997 年にはチェック・ザ・ボックス規則（納税者が構成員課税か法人課税かを選択できる税制）が導入され，LLC の利用が急速に拡大しました。

2 特　質

　合同会社の社員は，間接有限責任社員から構成されていて，会社に対し出資義務を負うだけです（会社 576 条 4 項・580 条 2 項）。また，定款自治により社員が自ら業務執行を行い（会社 590 条 1 項），会社を代表します（会社 599 条 1 項）。

　しかし，合同会社の定款の定め又は社員全員の同意により，社員の一部を業務執行社員とすることができ（会社 591 条 1 項），法人も職務執行者（自然人）を選任することにより業務執行社員になることができます（会社 598 条 1 項）。なお，株式会社のように機関の設置に関する強制的な規制がないことから，制度

設計は自由であり，機関の設置は任意です。

また，会社の内部的には民法上の組合であり，対外的には有限責任という会社類型です。つまり，社員全員の一致により，取決めを自由に行うことができます。ただし，社員については，善管注意義務や忠実義務，競業避止義務，利益相反取引の制限，会社に対する損害賠償責任，第三者に対する損害賠償責任等が規定されています。

なお，社員になろうとする者は，定款作成後，設立登記をするまでに，その出資に係る金銭の全額を払い込み，又はその出資に係る金銭以外の財産の全部を給付しなければならないとする全額払込主義をとっています（会社578条）。

さらに，合同会社は，利益配当を請求する方法その他の利益の配当に関する事項を，定款で定めることができ（会社621条2項），社員は，その定めに従って，合同会社に対し，利益の配当を請求することができます（会社621条1項）。つまり，組合的な定款自治の適用により，出資の額に関係なく利益配当を行うことを，自由に定款で定めることができます。この場合の利益額は，利益を配当した日における利益剰余金の額であり（会計規163条），利益額を超えて配当した部分の金額は，総社員の同意があっても免除されません。

また，損益の分配（持分の増減）の割合は定款で自由に定めることができ，定款で定められていないときは，各社員の出資価額に応じた割合となり（会社622条1項），利益又は損失の一方の分配割合しか定款で定められていないときは，利益及び損失の分配に共通の割合となります（会社622条2項）。なお，損失の分配によりその社員に追加出資の義務はありませんが，社員の持分は減少するなどの特質を有します。

3 メリット

合同会社は，株式会社に比べて，設立手続が簡易で費用も安価であり（詳しくは後述），機関設計が自由なうえ，業務執行社員の任期の定めがなくてもよいことから，株式会社のように，取締役の重任による登記費用は不要であり，決

算公告義務もないので決算公告費用もかかりません。

4 活用方法

　合同会社は導入以来年々増加してきましたが，近年著しく増加しています。具体的には，ジョイント・ベンチャー，情報産業，コンサルタント業，知的財産事業，投資ファンドなどで多く活用されています。

　合同会社は，株式会社のように内部規律に強行規定が適用されることはなく，規制緩和されていることから，新たに会社を起業する場合や，外資系企業や日本の大企業の子会社で，親会社の意向により運営され，上場して資金調達する計画がない場合には，設立・運営が簡単な合同会社を活用するケースが増えています。

　例えば，京セラソーラーTCL合同会社，合同会社充電網整備推進機構，JAMCソーラーエナジー合同会社，東燃化学合同会社などが挙げられます。

3 有限責任事業組合の意義

1 導入の背景

　民法上の組合の特例として公布（平成17年5月6日），施行（平成17年8月1日）された「有限責任事業組合契約に関する法律」に基づく有限責任事業組合は，日本において，合同会社が法人課税の適用対象となり構成員課税が認められないこととなったことから，経済産業省主導により，構成員課税（パススルー課税）が適用でき有限責任制を取り入れた人的組織として急遽登場しました。

2 特　質

　有限責任事業組合は日本版LLPといわれ，イギリスにおけるLLP（Limited Liability Partnership）を範としたもので，出資者である組合員は全員有限責任であり，内部自治原則をとりますが，全組合員が事業に参加し，業務執行について権利義務を負う共同事業性が要求されます（有責13条1項）。また，構成員課税が認められ，二重課税が回避されることや事業の損失を出資者が損益通算できることなどのメリットがあります。

　有限責任事業組合は，その名称中に有限責任事業組合という文字を用いなければならず（有責9条），個人又は法人が，有限責任で共同の営利事業を有限責任事業組合契約に基づいて行うことを約する組合であって，法人格はなく会社形態ではありません。

しかし，イギリスの LLP は，法人格があり，事業目的に制限がなく，構成員の責任は，契約上の債務であるか，不法行為による債務であるかを問わず有限責任であり，構成員課税が認められ，当事者間の契約自由の原則を尊重し，任意法規（デフォルト・ルール）を中心とする法制度です。

これに対して，日本においては，「有限責任事業組合契約に関する法律」に服していない事業体を有限責任事業組合とは認めないことから，強行規定としての性質を有します。さらに，わが国における国税当局の構成員課税の根拠や要件に対する考え方も，税制上理論的に明確化されたものではありません。

3 組合員の責任

有限責任事業組合の組合員は，その出資の価額を限度として，組合の債務を直接弁済する責任を負います（有責15条）。ただし，組合員の責任を有限責任制とすることが適当でない職業的専門家（公認会計士，弁護士，司法書士，税理士，弁理士等）の業務，及び組合の債権者に不当な損害を与えるおそれがある投機的取引（当せん金付証票，競馬の勝馬投票券，自転車競技の車券等の購入）の業務については除外されています（有責7条，有責施令1条・2条）。

なお，法人が組合員である場合には，その法人は組合員の職務を行うべき者を選任し，他の組合員に通知しなければなりません（有責19条1項）。

4 出 資

組合員は，金銭その他の財産のみをもって出資の目的とすることができ，労務及び信用の出資は認められません（有責11条）。

また，有限責任事業組合は，個人又は法人が出資して，各当事者がそれぞれの出資に係る払込み又は給付の全部を履行することにより効力を生じ（有責3条1項），構成員課税における課税上の捕捉を容易にするため，当事者のうち1人以上は，国内に住所を有し，若しくは現在まで引き続いて1年以上居所を有

する個人（居住者）又は国内に本店若しくは主たる事務所を有する法人（内国法人）でなければなりません（有責3条2項・37条）。

5 長所・短所

　有限責任事業組合は民法上の組合の特例として定めた組合であり，法人ではありません。したがって，法人格を持たないことから，組合契約の登記をしなければならず（有責57条），取引先との契約は組合の肩書付名義で組合員が締結することになります。

　さらに，建設業や不動産業などの許認可事業について直接許認可を得ることはできず，法人格を有することが条件となるような介護保険事業者などの事業には利用することはできません。

　また，有限責任事業組合は，法人格を有しないため会社への組織変更や会社との間での組織再編行為を行うことはできません。しかし，有限責任事業組合の事業を会社形態で行いたい場合には，有限責任事業組合を解散し，組合財産を出資して会社を設立することにより可能となります。

　一方，民法上の組合では認められなかった有限責任制が認められ，複数の個人事業主が有限責任事業組合を設立した場合には，法人税が課されず，損益通算することができるというメリットがあります。ただし，有限責任事業組合は，永続的に存続するものではないので，存続期間の満了が組合の解散事由となります（有責37条4号）。

第Ⅱ章
合同会社の概要

1 設立及び登記の手続

1 設立手続

　合同会社の設立手続は，社員となろうとする者が定款を作成し，その全員がこれに署名又は記名押印して（会社575条1項）本店の所在地で設立の登記をすることによって設立します（会社579条）。合同会社は，社員が1名でも設立することができますし，法人も社員となることができます。また，合同会社については，その商号中に合同会社という文字を用いなければなりません（会社6条2項）。

　合同会社の定款記載事項は，社員の全部を有限責任社員と記載することを除き，他の持分会社の定款記載事項と同じです（会社576条1項・4項）。社員は，金銭その他の財産のみを出資の目的とすることを要し，労務又は信用を出資することは認められません（会社576条1項6号）。

　合同会社の社員となろうとする者は，定款の作成後，設立の登記をする時までに，その出資に係る金銭の全額を払い込み，又はその出資に係る金銭以外の財産の全部を給付しなければなりません（会社578条）。

(1) 定款作成

　合同会社の定款の作成には，公証人の認証は必要とされていません。株式会社に比べ利害関係人の数が少なく，複雑な法律関係を生ずることも少ないことから，公証人を関与させて定款作成に伴う紛争と不正行為を防止する必要性が

合同会社の設立手続のスケジュール

```
┌─────────────────────────┐
│ 設立する合同会社の社員，商号， │
│ 事業目的を決める            │
└─────────────────────────┘
            ↓
┌─────────────────────────┐
│ 会社代表印の作成と代表社員の │
│ 印鑑証明書の入手            │
└─────────────────────────┘
            ↓
┌─────────────────────────┐
│ 定款の作成                 │
└─────────────────────────┘
            ↓
┌─────────────────────────┐
│ 出資金の払込み             │
└─────────────────────────┘
            ↓
┌─────────────────────────┐
│ 合同会社の設立登記申請      │
└─────────────────────────┘
            ↓
┌─────────────────────────┐
│ 合同会社の設立             │
└─────────────────────────┘
```

▶合同会社の設立に関しては，株式会社のような公証人役場での定款認証の必要がなく，設立時の発起人会や取締役会も行う必要もありませんので，目安としては定款を作成してから会社設立までおおむね2～3週間程度といわれています。

▶会社は事業目的の範囲内での活動となりますので，明確かつ具体的に定めます。

▶商号，本店所在地が同一の会社が既に存在している場合，登記ができません。

▶社員1名でも設立することができます。

▶最低資本金の制度はありませんが，登記費用の他に，会社の維持に必要な運転資金について，検討すべきです。

▶設立登記の申請をしてから登記の完了まではおおむね1週間程度といわれています。

▶設立後，税務署，年金事務所等行政機関への届出等についても確認すべきです。

低いことによります。

　合同会社を設立するには，その社員になろうとする者が定款を作成し（電磁的記録も可），その全員がこれに署名又は記名押印しなければなりません（会社575条）。社員になろうとする者が法人である場合には，当該法人の代表者が署名又は記名押印し，定款を電磁的記録によって作成したときは，署名又は記名押印に代え電子署名を要します（会社575条2項，会施規225条）。

　定款の記載事項には，絶対的記載事項，相対的記載事項，任意的記載事項があります。

(ⅰ) 絶対的記載事項

　絶対的記載事項は，定款に必ず記載しなければならない事項であり，1つで

も記載を欠いた場合，会社設立の無効原因となります。合同会社の定款には，次に掲げる事項を記載し，又は記録しなければなりません。

① 目的（会社576条1項1号）

　目的となる事業は，適法である必要があり，目的の記載は，通常人が事業内容を客観的，正確に判断できる程度に明確で具体的でなければなりません。

② 商号（会社576条1項2号）

　合同会社の商号には，他の種類の会社であると誤認される文字を使ってはいけませんし，合同会社という文字を用いなくてはなりません。

③ 本店の所在地（会社576条1項3号）

　所在地は，本店の所在する独立最少行政区画（市区町村）で記載すればよく，番地まで記載する必要はありません。

④ 社員の氏名又は名称及び住所（会社576条1項4号）

　自然人である社員の氏名又は法人である社員の名称及びその住所を記載します。会社設立後に，持分の譲渡又は社員の加入等によって社員に変更がある場合には定款を変更する必要があります。

⑤ 社員の全部を有限責任社員とする旨（会社576条1項5号・4項）

　他の持分会社と異なる部分であり，合同会社の場合，その社員の全部を有限責任社員とする旨を記載し，又は記録しなければなりません。

⑥ 社員の出資の目的（有限責任社員にあっては，金銭等に限る）及びその価額又は評価の基準（会社576条1項6号）

　合同会社の社員は全員が有限責任社員ですので，出資できる財産は，会社がその評価額を定めることができる金銭等の財産に限られます。有限責任社員は，定款で定められた出資の価額の範囲内で会社の債務について責任を負いますから，出資の価額を会社にとって評価可能とする必要があるわけです。

(ⅱ) 相対的記載事項

　合同会社の定款には，前述の絶対的記載事項のほか，会社法の規定により定款の定めがなければその効力を生じない相対的記載事項を記載し，又は記録することができます（会社577条）。相対的記載事項とは，記載しなくても定款自

体の効力には影響しませんが，定款に記載するとその効力が認められる事項で，次のような事項があり，詳細は，後述を参照してください。

① 定款変更の手続に関する特例（会社637条）
② 社員の退社原因（会社606条2項）
③ 業務執行社員に関する定め（会社590条1項・2項）
④ 代表社員に関する定め（会社599条1項・3項）
⑤ 社員の退社の事由（会社606条2項）
⑥ 出資の払戻しに関する定め（会社624条2項）
⑦ 利益の配当に関する定め（会社621条2項）
⑧ 存続期間又は解散の事由（会社641条1項1号・2号）

(ⅲ) 任意的記載事項

　合同会社の定款には，前述の絶対的記載事項及び相対的記載事項のほか，会社法の規定に違反しない任意的記載事項を記載し，又は記録することができます（会社577条）。任意的記載事項とは，単に定款に記載できるだけにすぎない事項をいい，記載すれば明確になる事項であり，次のような事項があります。

① 公告の方法（会社939条1項）

　　公告の方法については，（イ）官報に記載する方法，（ロ）日刊新聞紙に記載する方法，（ハ）電子公告による方法が認められており，公告の方法について定款に定めがない場合には，官報に記載する方法によります（会社939条4項）。

② 事業年度の定め

　　事業年度については，通常1年を1期とする場合が多く，事業年度末をいつにするのかは会社が決めることになります。事業年度は1年を超えることはできません（会計規71条2項）。事業年度を変更した場合においては1年6カ月を超えることができないことになっていますが（会計規71条2項），法人税法上は，1年ごとに区分する，みなし事業年度の規定があります（法税13条）。

③ 社員総会に関する事項

株式会社の株主総会と異なり，会社法上，合同会社の機関としての社員総会に関する規定は見当たりませんが，毎年1回開催する定時社員総会，臨時社員総会の招集について定めている場合があります。

定款の記載例

合同会社〇〇商店定款

第1章 総　則

（商　　号）

第1条　当会社は，合同会社〇〇商店と称する。

（目　　的）

第2条　当会社は，次の事業を営むことを目的とする。

(1) 〇〇の製造販売

(2) 〇〇の売買

(3) 前各号に付帯する一切の事業

（本店の所在地）

第3条　当会社は，本店を〇〇県〇〇市に置く。

（公告の方法）

第4条　当会社の公告は，官報に掲載する。

第2章　社員及び出資

（社員の氏名，住所，出資及び責任）

第5条　当会社の社員の氏名，住所，出資の目的及びその価額又は評価の標準，責任は次のとおりである。

　　1．金〇〇万円也

　　　　〇県〇市〇丁目〇番〇号　　　　有限責任社員　　〇〇〇〇〇〇

２．金○○万円也
　　　　○県○市○丁目○番○号　　　　有限責任社員　　○○○○○○
　　３．金○○万円也
　　　　○県○市○丁目○番○号　　　　有限責任社員　　○○株式会社
（持分譲渡の制限）
第６条　当会社の社員は，その持分の全部又は一部を他人に譲渡するには，他の総社員の承諾を得なければならない。
（競業の禁止）
第７条　社員は，当該社員以外の社員の全員の承諾を受けなければ自己若しくは第三者のために会社の営業の部類に属する取引をし，又は同類の営業を目的とする他の会社の取締役，執行役又は業務を執行する社員となることができない。
（新加入社員の責任）
第８条　当会社の設立後入社した社員は，その加入前に生じた会社の債務についても責任を負うものとする。

第３章　業務の執行及び会社の代表

（業務執行社員）
第９条　当会社の業務は，業務執行社員がこれを執行するものとする。
２　○○○○○○及び○○株式会社を業務執行社員とする。
（代表社員）
第10条　代表社員は，社員の互選により業務執行社員の中からこれを定める。
（任　　期）
第11条　業務執行社員の任期は，３年とする。ただし，再選することを妨げない。
（業務及び財産の状況報告義務）
第12条　業務執行社員は，他の社員の請求があるときは，いつでも，会社の業務及び財産の状況を報告しなければならない。

(報　酬)

第13条　業務執行社員の報酬は，社員の過半数の同意をもって別にこれを定める。

(定款の変更，その他会社の目的の範囲外の行為)

第14条　定款の変更その他会社の目的外の行為をするには，総社員の同意を必要とする。

第4章　社員の加入及び退社

(加　入)

第15条　総社員の同意がなければ，新たに社員を加入させることはできない。

(退　社)

第16条　やむを得ない事由のあるときは，各社員は退社することができる。

(退社事由)

第17条　前条及び持分を差し押さえられた場合のほか，社員は次の事由によって退社する。

(1) 総社員の同意
(2) 死亡
(3) 破産手続開始の決定
(4) 後見開始の審判を受けたこと
(5) 除名
(6) 解散

(社員の相続人)

第18条　社員が死亡したときは，その相続人は，他の社員の同意を得て，持分を承継して社員となることができる。

(除名，業務執行権又は代表権の喪失)

第19条　社員につき次の事由があるときは，会社は，他の社員の過半数の決議をもって，その社員の除名又は業務執行権若しくは代表権の消滅を裁判所に請求することができる。

(1) 出資の義務不履行のとき
(2) 第7条の規定に反したとき
(3) 業務を執行するに当たり不正の行為をなし，または権利なくして業務の執行に関与したとき
(4) 会社を代表するに当たり不正の行為をなし，または権利なくして会社を代表したとき
(5) その他重要な義務を尽くさなかったとき

（除名社員に対する持分の払戻し）
第20条　除名されて退社した社員に対する持分の払戻しの計算は，除名の訴を提起した時における当会社の財産の状況に従ってこれをなし，かつ，その時から法定利息を付するものとする。

（除名以外の事由による退社員に対する持分の払戻し）
第21条　前条以外の事由により退社した社員に対しては，退社当時における当会社の財産の割合によってその持分を払い戻すものとする。

（金銭による払戻し）
第22条　退社した員の持分払戻しは，その出資の目的の如何にかかわらず，金銭をもってするものとする。

第5章　計　　算

（事業年度）
第23条　当会社の事業年度は毎年4月1日より翌年3月31日までを1期として決算をなす。

（計算書類の承認）
第24条　業務執行社員は，毎事業年度終了後，当該事業年度にかかる計算書類を各社員に提出して，その承認を求めなければならない。

（利益の配当）
第25条　当会社は，損失を補填したあとでなければ利益の配当をすることができない。

（損益分配の割合）

第26条　各社員の損益分配の割合は，その出資の額による。

第6章　解　　散

（解散の事由）

第27条　当会社は，次に掲げる事由により解散する。

(1)　総社員の同意

(2)　会社の合併

(3)　社員が欠けたとき

(4)　会社の破産手続開始の決定

(5)　解散を命ずる裁判

（会社の継続）

第28条　前条第1号の場合においては，社員の全部又は一部の同意をもって会社を継続することができる。この場合において，同意をしない社員は，退社したものとみなす。

2　前条第3号の場合においては，新たに社員を入社させて会社を継続することができる。

（合　　併）

第29条　当会社が合併するには，総社員の同意がなければならない。

第7章　清　　算

（清算方法）

第30条　当会社の解散の場合における会社財産の処分方法は，次条及び会社法の規定により清算人において清算する。

2　清算人の選任及び解任は，社員の過半数をもってこれを決定する。

（残余財産の分配）

第31条　残余財産は，各社員の出資額に応じて分配する。

以上，合同会社〇〇商店の設立のため，この定款を作成し，各社員が次に記名押印する。

平成〇年〇月〇日

　　　　　　　　　　　　　　　有限責任社員　　〇〇〇〇〇〇　㊞

　　　　　　　　　　　　　　　有限責任社員　　〇〇〇〇〇〇　㊞

　　　　　　　　　　　　　　　有限責任社員　　〇〇株式会社
　　　　　　　　　　　　　　　　代表取締役　　〇〇〇〇〇〇　㊞

(2) 出資の履行

　合同会社を設立する場合には，当該合同会社の社員になろうとする者は，定款の作成後，合同会社の設立の登記をする時までに，その出資に係る金銭の全額を払い込み，又はその出資に係る金銭以外の財産の全部を給付しなければなりません（全額払込主義）。

　ただし，合同会社の社員になろうとする者全員の同意があるときは，登記，登録その他権利の設定又は移転を第三者に対抗するために必要な行為は，合同会社の設立後にすることを妨げないとしています（会社578条）。

　これは，社員の責任を出資の価額に限定するとともに，設立時又は入社時に定款で定めた出資の全額を履行させることによって，社員の間接有限責任を確保することが目的です。このように社員の間接有限責任を確保することによって，他の持分会社よりも広く出資を募ることが可能になり，会社債権者にとってその債権の責任財産を明確にすることになります。

(3) 設立無効・取消しの訴え

　合同会社の成立後，当該会社設立の無効を主張するためには，その会社の成立の日から2年以内に，その会社の社員又は清算人による訴えによらなければなりません（会社828条1項1号・2項1号）。また，合同会社の社員は，その会

合同会社の出資金の払込み手続の流れ

| 代表者が金融機関に個人口座を開設する |

| 他の出資者がいる場合には代表者の開設した口座に定款で定めた出資金額を振り込む |

| 代表者が出資金額全額の払込みが行われたかどうかを確認する |

| 払込みがあったことを証する書面（出資金払込証明書）を作成する |

| 振込の事実が印字されている通帳のコピーを出資金払込証明書に添付する |

| 登記申請書に添付して本店を管轄する法務局で登記申請を行う |

社の成立の日から2年以内に，訴えをもって設立の取消しを請求することができます。（会社832条1号）。

　会社をめぐる訴訟において，その無効・取消しの主張をいつでもなし得るとすることは，取引の安全を害することから，そのような無効・取消しの主張は訴えをもってのみなし得ることとし，またその提訴期間を制限するとともに，提訴権者を法定しています。会社成立の日とは設立の登記がなされた日です（会社579条）。

　また，合同会社の債権者は，社員がその債権者を害することを知って合同会社を設立したときには，会社成立の日から2年以内に，訴えをもって設立の取消しを請求することができます（会社832条2号）。

(4) 定款変更

　合同会社は，定款に別段の定めがある場合を除き，総社員の同意によって，定款の変更をすることができます（会社637条）。合同会社は，会社の内部関係については組合的規律が適用される組織形態ですから，重要事項の決定は総社員の同意によることが原則です。したがって，定款の変更に関しても，会社法に特則的規定がない限り，原則的に総社員の一致が必要になります。ただし，定款に別段の定めを置いて，これと異なる定款変更の決議要件を定めることも認められます。

　また，合同会社は，次に掲げる定款の変更をすることにより，それぞれに掲げる持分会社に変更できます。

① その社員の全部を無限責任社員とする定款の変更により，合名会社へ変更（会社638条3項1号）
② 無限責任社員を加入させる定款の変更により，合資会社へ変更（会社638条3項2号）
③ その社員の一部を無限責任社員とする定款の変更により，合資会社への変更（会社638条3項3号）

　さらに，合名会社及び合資会社は，その社員の全部を有限責任社員とする定款の変更により，合同会社へ変更することができます（会社638条1項3号・2項3号）。

2 設立登記

　合同会社の設立の登記は，その本店の所在地において，次に掲げる事項を登記しなければなりません。

① 目的（会社914条1号）
② 商号（会社914条2号）
③ 本店及び支店の所在場所（会社914条3号）
④ 合同会社の存続期間又は解散の事由についての定款の定めがあるとき

は，その定め（会社914条4号）
⑤　資本金の額（会社914条5号）
⑥　合同会社の業務執行社員の氏名又は名称（会社914条6号）
⑦　合同会社の代表社員の氏名又は名称（会社914条7号）
⑧　合同会社の代表社員が法人であるときは，当該社員の職務を行うべき者の氏名及び住所（会社914条8号）
⑨　会社の公告方法についての定款の定めがあるときは，その定め（会社914条9号）
⑩　⑨の公告方法が電子公告の方法である場合，次に掲げる事項
　イ　電子公告により公告すべき内容である情報について不特定多数の者がその提供を受けるために必要な事項（会社914条10号，会施規220条1項5号）
　ロ　事故等により電子公告ができない場合の予備的公告方法に関する定款の定めがあるときは，その定め
⑪　⑨の定款の定めがないときは，官報に掲載する方法を公告方法とする旨（会社914条11号）

合同会社の設立にあたって準備する書類

① 定款
② 合同会社設立登記申請書
③ 代表社員の就任承諾書
④ 法人の印鑑証明書と登記事項証明書，職務執行者の選任に関する書面（代表社員が法人である場合），職務執行者が就任を承諾したことを証する書面
⑤ 設立後に登録印として使用する印鑑の印鑑届出書
⑥ OCR用紙又は磁気ディスク（FD，CD，CD-R等）
⑦ 出資金払込証明書
⑧ 設立登記を司法書士などに依頼する場合は委任状

合同会社設立登記申請書の例

合同会社設立登記申請書

1．商　　　　　号　　合同会社○○商店
1．本　　　　　店　　○県○市○町○丁目○番○号
1．登 記 の 事 由　　設立の手続終了
1．登記すべき事項　　別添FDのとおり（注；登記すべき事項を記載した磁
　　　　　　　　　　　　　　　　　　気ディスクを添付）
1．課 税 標 準 額　　金500万円　　　（注；資本金の額を記載）
1．登 録 免 許 税　　金60,000円　　 （注；資本金の額の1000分の7
　　　　　　　　　　　　　　　　　　の額。最低6万円。100円
　　　　　　　　　　　　　　　　　　未満切捨）
1．添 付 書 類　　　定款1通
　　　　　　　　　　代表社員の互選書1通
　　　　　　　　　　代表社員の就任承諾書1通

　上記のとおり登記の申請をします。
　平成○○年○○月○○日
　　　　　　　　　　　　　○県○市○町○丁目○番○号
　　　　　　　　　　　　申請人　合同会社○○商店

　　　　　　　　　　　　　○県○市○町○丁目○番○号
　　　　　　　　　　　　　　代表社員　　○○○○○○

　　　　　　　　　　　　　○県○市○町○丁目○番○号
　　　　　　　　　　　　　　申請代理人　　○○○○　㊞
　　　　　　　　　　　　　連絡先の電話番号　○○-○○○○-○○○○
○○法務局（又は○○地方法務局）
　　　○○支局（又は○○出張所）　御中

代表社員の互選書
（定款の定めに基づく社員の互選により会社を代表すべき者を定めた場合）

互　選　書

1. 社員の互選により当会社の代表社員を次の者とすること。
　　　代表社員　　〇〇〇〇〇〇
　上記に同意する。
　　平成〇〇年〇〇月〇〇日
　　　　　　　　　　　　　　〇県〇市〇町〇丁目〇番〇号
　　　　　　　　　　　　　　合同会社〇〇
　　　　　　　　　　　　　　　社　員　〇〇〇〇　㊞
　　　　　　　　　　　　　　　同　　　〇〇〇〇　㊞
　　　　　　　　　　　　　　　同　　　〇〇商店株式会社
　　　　　　　　　　　　　　　代表取締役　〇〇〇〇　㊞

代表社員の就任承諾書の例

就　任　承　諾　書

　私は，平成〇〇年〇〇月〇〇日，合同会社〇〇の代表社員に定められたので，その就任を承諾します。

平成〇〇年〇〇月〇〇日
　　　　　　〇県〇市〇町〇丁目〇番〇号
　　　　　　　　　　〇〇〇〇〇〇　㊞

合同会社〇〇商店　御中

委任状の例

```
                委 任 状

                    ○県○市○町○丁目○番○号　○○○○

    私は，都合により上記の者を代理人と定め，次の権限を委任した。

  1. 合同会社○○の設立登記申請を所轄法務局に申請する一切の権限

    平成○○年○○月○○日

                          ○県○市○町○丁目○番○号
                          合同会社○○
                             代表社員　○○○○　㊞
```

　なお，商業・法人登記に関する各種申請書様式については，法務省のホームページ（http://www.moj.go.jp/）において公開されておりますので，参照してください。

2 社　員

　合同会社は，社員1名でも設立することができ，社員になる資格としては自然人と法人があります。未成年者も法定代理人の許可があれば合同会社の社員となることができ，この場合には，社員たる資格に基づく行為に関しては能力者とみなされます（会社584条）。また，法人が業務執行社員であるときは，その法人の代わりにその職務を行う職務執行者（自然人）を選任しなければなりません（会社598条1項）。

1　社員の責任

　他の持分会社の社員は，当該会社の財産をもってその債務を完済することができない場合，又は当該持分会社に対する強制執行がその功を奏しなかった場合，連帯して，持分会社の債務を弁済する責任を負いますが（会社580条1項），合同会社の社員は，株式会社の社員同様，出資済みのため弁済責任を負いません（会社580条2項）。いわゆる間接有限責任です。

2　持分の譲渡

　合同会社の社員は，他の社員全員の承諾がなければ，その持分の全部又は一部を他人に譲渡することはできません（会社585条1項）。ただし，業務を執行しない有限責任社員は業務執行社員全員の承諾があるときは，その持分の全部又は一部を他人に譲渡することができます（会社585条2項）。

ただし，この規定は任意規定であり，定款で別段の定めを置くことも可能です（会社585条4項）。

また，合同会社自身は，その持分の全部又は一部を社員から譲り受けることはできません（会社587条1項）。譲渡以外の方法，例えば合併などによって持分を承継取得した場合，その持分は消滅し（会社587条2項），その会社による保有は認められません。

持分の譲渡等があった場合，社員の持分の増減，社員の退社又は加入が生じるため，定款の記載（会社576条1項4号）を変更する必要があります。

3 誤認行為による責任

合同会社の有限責任社員が，無限責任社員であると誤認させる行為をしたときは，当該有限責任社員は，その誤認に基づいて取引をした者に対し，その誤認させた範囲内で債務を弁済する責任を負います（会社588条2項）。

また，合同会社の社員でない者が，自己を合同会社の社員であると誤認させる行為をしたときは，その社員でない者は，その誤認に基づいて取引をした者に対し，誤認させた範囲内で債務を弁済する責任を負います（会社589条2項）。

4 社員の加入

合同会社は，新たに社員を加入させることができます（会社604条1項）。原則として社員の加入は，その社員にかかる定款の変更をした時に，その効力を生じます（会社604条2項）が，合同会社が新たに社員を加入させる場合において，新たに社員となろうとする者が定款の変更をした時にその出資に係る払込み又は給付の全部又は一部を履行していないときは，その者は当該払込み又は給付を完了した時に，合同会社の社員となります（会社604条3項）。

このように，合同会社は，全額払込主義が採用され，定款変更と出資の全額履行が，社員加入の効力要件です。したがって，新たな社員が加入する場合，

定款の変更を伴い（会社576条1項4号），定款変更の方法に関して別段の定めがない限り，原則的に総社員の同意を要します（会社637条）。

また，他の持分会社の場合，会社の成立後に加入した社員は，その加入前に生じた会社の債務についても弁済責任を負います（会社605条）が，合同会社の社員は，株式会社の社員同様，出資済みのため弁済責任を負いません（会社580条2項）。

5　社員の退社

(1) 任意退社

合同会社の存続期間を定款で定めなかった場合，又はある社員の終身の間合同会社が存続することを定款で定めた場合には，各社員は，6カ月前までに退社の予告をすることを条件に事業年度の終了の時において退社することができます（会社606条1項）。

また，定款で別段の定めをすることもできますが（会社606条2項），やむを得ない事由があるときはいつでも退社することができます（会社606条3項）。やむを得ない事由とは，入社若しくは設立時に前提としていた状況が著しく変更され，当初の合意どおりに社員を続けられなくなった場合等がこれにあたります。

(2) 法定退社

社員は，任意退社のほか，次に掲げる事由により退社します。

① 　定款で定めた事由の発生（会社607条1項1号）

② 　総社員の同意（会社607条1項2号）

③ 　死亡（会社607条1項3号）

④ 　法人である社員が合併により消滅するとき（会社607条1項4号）

⑤ 　破産手続の開始（会社607条1項5号）

⑥ 　法人である社員の解散（会社607条1項6号）

⑦ 後見開始の審判を受けたこと（会社607条1項7号）
⑧ 除名（会社607条1項8号）

③及び④については，定款に規定することにより，当該社員の相続人その他の一般承継人がその持分を承継することができます（会社608条1項）。

⑤～⑦については，定款に規定することにより，退社事由としないことができます（会社607条2項）。

(3) その他の退社

また上記に示した退社以外にも下記に掲げる退社があります。
① 社員の持分を差し押さえた債権者は，事業年度の終了時においてその社員を退社させることができます。この場合において，債権者は6カ月前までに合同会社及びその社員にその予告をしなければなりません（会社609条1項）。
② 合同会社が解散した場合において，社員の全部又は一部の同意によって，継続することができますが，継続に同意しなかった社員は，合同会社が継続することとなった日に退社します（会社642条2項）。
③ 合同会社の設立の無効又は取消しの訴えに係る請求を容認する判決が確定した場合において，その無効又は取消しの原因が一部の社員にのみあるときは，他の社員の全員の同意によって，当該合同会社を継続することができますが，この場合においては，その原因がある社員は，退社したものとみなします（会社845条）。

(4) 退社した社員の責任

退社した社員は，その登記をする前に生じた合同会社の債務について従前の責任の範囲内でこれを弁済する責任を負います（会社612条1項）。この責任は，登記後2年以内に請求又は請求の予告をしない合同会社の債務者に対しては，その登記後2年を経過した日に消滅します（会社612条2項）。

合同会社において，社員の退社が会社債権者の意思とは無関係に行われ，担

保提供又は弁済等の債権者保護手続がとられていません。合同会社は社員の人的信用を基礎としていることに鑑みて，退社員は退社によって社員としての地位を失いますが，退社後その登記がなされるまでに生じた合同会社の債務について，退社前の責任の範囲で弁済する責任を負わされています。

退社員は，既に社員としての地位を有しません。したがって，退社員が会社債権者に対して弁済をした場合，第三者の弁済となり（民474条），会社に対して求償権を有しますから（民500条），各社員に対してその弁済した金額全額について求償することができます。各社員は求償された金額につき連帯して弁済する責任を負います（会社580条）。

「社員」に関する事項

	原則的扱い	例外その他
社員の責任	出資履行済みの為，弁済責任なし	—
持分の譲渡	原則，社員全員の承諾が必要	定款による別段の定め可能
社員の加入	総社員の同意が必要 出資履行後，社員となる	—
社員の退社	1. 任意退社 原則，6カ月前予告を条件に事業年度末退社	定款による別段の定め可能 やむを得ない事由がある場合，いつでも退社可能
	2. 法定退社・その他の退社 定款事由，総社員の同意，死亡その他の事由による退社	相続人による継承や，定款により退社事由から除ける可能性あり
退社した社員の責任	退社登記後2年以内に従前の責任の範囲内で弁済責任を負う	—

3 業務の執行

　社員は，定款に別段の定めがある場合を除き，合同会社の業務を執行することになっており（会社590条1項），原則的に全ての社員が業務執行権を有します。社員が2人以上の場合には，合同会社の業務は，定款に別段の定めがある場合を除き，社員の過半数をもって決定します（会社590条2項）。なお，合同会社の常務については，その完了前に他の社員が異議を述べた場合を除き，各社員が単独で行うことができます（会社590条3項）。

1　業務執行社員

　定款により合同会社の業務執行社員を限定することができますが，業務執行社員が2人以上の場合には，合同会社の業務は，定款に別段の定めがある場合を除き，業務執行社員の過半数をもって決定します。合同会社の常務については，その完了前に他の業務執行社員が異議を述べた場合を除き，各業務執行社員が単独で行うことができます（会社591条1項）。
　業務執行社員を定款で定めた場合には，原則としてその業務執行社員は，正当な事由がなければ，辞任することができません（会社591条4項）。
　また，業務執行社員は，正当な事由がある場合に限り，他の社員の一致によって解任することができます（会社591条5項）。
　なお，業務執行社員の辞任及び解任については，定款で別段の定めをすることができます（会社591条6項）。
　業務執行社員を定めた場合には，各社員は，業務執行権を有しない場合で

あっても，その業務及び財産の状況を調査することができます（会社592条1項）。この社員による調査権は，定款の定めにより制限することができますが，事業年度の終了時又は重要な事由があるときには制限できません（会社592条2項）。

2 法人業務執行社員

　法人が業務執行社員である場合には，当該法人は，業務執行社員の職務を行うべき自然人（職務執行者）を選定し，その者の氏名及び住所を他の社員に通知しなければなりません（会社598条1項）。

　職務執行者の地位は，自然人が業務執行者である場合と同じであり，業務執行社員としての各種義務及び責任を負います（会社598条2項）。

　なお，会社法は，社員となり得る法人の種類を限定していませんが，営利法人以外の法人の場合，民法その他の法律の規定やその法人の目的の範囲により制限される場合があります。

3 代表社員

　業務執行社員は，合同会社を代表しますが，他の社員を代表社員として定めることもできます（会社599条1項）。業務執行社員が2人以上ある場合には，業務執行社員は各自，合同会社を代表します（会社599条2項）が，定款又は定款の定めに基づく社員の互選によって，業務執行社員の中から代表社員を定めることができます（会社599条3項）。

　代表者の決定は，定款の定めによりますから，実質的に総社員の同意を要することになります。ただし，総社員の代表権を剥奪することはできません。

　代表社員は，合同会社の業務に関する一切の裁判上又は裁判外の行為をする権限を有します（会社599条4項）。つまり，合同会社の対外的な業務執行は，代表社員によらなければ会社に効果が帰属せず，代表権は会社の対外的な業務全般に及びます。代表権の範囲を制限したとしても，善意の第三者に対抗する

ことはできません（会社599条5項）。

合同会社の代表社員が，その職務に際して第三者に対して加えた損害について，その合同会社は損害賠償責任を負いますし（会社600条），その代表社員個人も損害賠償責任を負う（民709条）ことになります。

4 業務執行社員と会社の関係

(1) 善管注意義務と忠実義務

業務執行社員は，善良な管理者の注意をもって，その職務を行う義務を負い（会社593条1項，以下「善管注意義務」という），法令及び定款を遵守し，合同会社のために忠実にその職務を行わなければなりません（会社593条2項，以下「忠実義務」という）。この合同会社の業務執行社員が会社に対して負う善管注意義務及び忠実義務は定款の定めによって排除できない強行法規です。

また，業務執行社員は，合同会社又は他の社員の請求のあるときは，いつでも，その職務の状況を報告し，その職務の終了した後は，遅滞なくその経過及び結果を報告しなければなりません（会社593条3項）。

(2) 競業禁止と利益相反取引の制限

業務執行社員は，定款に別段の定めがある場合を除き，その社員以外の社員全員の承認を得なければ，競業取引を行ってはなりません（会社594条1項）。業務執行社員は，その合同会社事業の秘密に通じているため，その立場を利用し会社を犠牲にして自己又は会社以外の第三者の利益を追求すること防止する趣旨です。競業取引とは次のことをいいます。

① 自己又は第三者のために合同会社の事業の部類に属する取引をすること（会社594条1項1号）
② 合同会社の事業と同種の事業を目的とする会社の取締役，執行役又は業務執行社員となること（会社594条1項2号）

これらの行為により，当該業務執行社員又は第三者が受けた利益は，合同会

社に生じた損失の額と推定されます（会社594条2項）。

　さらに，業務執行社員は，定款に別段の定めがある場合を除き，利益相反取引についても，その社員以外の社員の過半数の承認を得なければ行うことはできません（会社595条1項）。これも競業禁止と同様，業務執行社員が会社を犠牲にして自己又は会社以外の第三者の利益を追求すること防止する趣旨です。利益相反取引とは次のことをいいます。

① 業務執行社員が自己又は第三者のために合同会社と取引をしようとするとき（会社595条1項1号）
② 合同会社が業務執行社員の債務を保証することその他社員でない者との間において合同会社と当該社員が利益相反取引をしようとするとき（会社595条1項2号）

「業務執行社員」に関する事項

	原則的扱い	例外その他
業務の執行	業務執行社員全員が業務執行権を有し，過半数をもって決定。常務については各社員単独で行うことが可能	定款による別段の定め可能
辞任	正当な事由がなければ，辞任できない	定款による別段の定め可能
解任	正当な事由があり，他の社員の一致により解任できる	定款による別段の定め可能
法人業務執行社員	その法人が，自然人である職務執行者を選定する	―
代表社員	業務執行社員は，各自会社を代表する	定款により代表者を定めることが可能
会社との関係	善管注意義務と忠実義務を負う	定款によっても排除できない
会社との関係	総社員の承認を得なければ，競業禁止と利益相反行為の制限あり	定款による別段の定め可能

4 計　算

1　総　則

　合同会社の会計は，株式会社同様，一般に公正妥当と認められる企業会計の慣行に従うものとし（会社614条），法務省令で定めるところにより，適時に正確な会計帳簿を作成しなければなりません（会社615条1項）。

　法務省令とは，会社計算規則のことをいい，会社計算規則の用語の解釈及び規定の適用に関しては一般に公正妥当と認められる会計基準その他の企業会計の慣行をしん酌しなければならないとしています（会計規3条）。

　一般に公正妥当と認められる企業会計の慣行の主たるものは，「企業会計原則」をはじめとする企業会計審議会設定の会計基準がありましたが，近年では企業会計基準委員会により会計基準が設定されており，国際会計基準の影響を受けています。

　「企業会計原則」などの会計基準は，規模の大きい有価証券報告書提出会社を対象としています。企業会計の慣行は会社の規模，業種などで異なりますから，中小企業が従うべき基準が何かは明確でありませんでしたが，2005年に，日本税理士会連合会，日本公認会計士協会，日本商工会議所及び企業会計基準委員会は，「中小企業の会計に関する指針」（以下「中小会計指針」という）を発表しました。

　この指針は，合同会社の公正妥当と認められる企業会計の慣行になるものとされていますが，さらに，計算書類の作成負担等を考慮し，中小企業庁が中心

となって立ち上げた中小企業の会計に関する検討会がまとめた「中小企業の会計に関する基本要領」（以下「中小会計要領」という）も発表されています。

合同会社が，金融機関からの融資を受ける際，信用保証協会等から当該会社の顧問の税理士や公認会計士に対して，この中小会計指針や中小会計要領に沿った会計処理がされているかどうかのチェックシートの提出を求めることもあり，実務界においても「中小会計指針」及び「中小会計要領」は，会計慣行に沿った会計基準として浸透しています。

2 会計帳簿と計算書類

(1) 会計帳簿

合同会社は，適時に，正確な会計帳簿を作成しなければならず（会社615条1項），会計帳簿の閉鎖から10年間はその会計帳簿及びその事業に関する重要な資料を保存しなければなりませんし（会社615条2項），会社が清算されたときは，清算人ないし定款で定められた保存義務者は，清算結了の時から10年間，清算会社の帳簿と重要資料を保存しなければなりません（会社672条1項）。

合同会社の社員は，その合同会社の営業時間内はいつでも，計算書類（書面又は電磁的記録）の閲覧又は謄写の請求をすることができます（会社618条1項）。

また，裁判所は，申立てにより又は職権で，訴訟の当事者に対し，会計帳簿の全部又は一部の提出を命ずることができます（会社616条）。

合同会社が作成すべき計算書類（会社617条1項・2項，会計規71条1項）は，会計帳簿に基づき作成しなければなりません（会計規70条・71条3項）。したがって，会計帳簿は，合同会社の計算書類作成の基礎となるものです。

企業会計一般に用いられている複式簿記では，会計帳簿の主要簿は，日々の取引を発生順に借方と貸方の両面に分けて勘定と金額を記載する仕訳帳，仕訳帳に記載された取引を資産，負債などの勘定別に転記した総勘定元帳からなります。その他に仕入帳や売上帳など業種に応じた補助簿があります。なお，会計帳簿は書面又は電磁的記録をもって作成しなければなりません（会計規4条2

項)。

(2) 計算書類

　合同会社の計算書類として次の（ⅰ）から（ⅳ）に掲げる貸借対照表，損益計算書，社員資本等変動計算書及び個別注記表があります（会計規71条1項2号）。これらは，株式会社の計算書類とほぼ同様のものです（会社435条2項，会計規59条1項）。計算書類の金額の表示単位は，1円単位，1,000円単位，100万円単位のいずれかにより（会計規57条1項），日本語で表示するのを原則とします（会計規57条2項）。

　合同会社は，その成立の日（すなわち設立登記の日）における貸借対照表を作成し（会社617条1項，会計規70条），さらに，各事業年度に係る計算書類を作成しなければなりません（会社617条2項，会計規71条1項2号）。計算書類は電磁的記録をもって作成することができ（会社617条3項），会社は計算書類を，作成した時から10年間保存しなければなりません（会社617条4項）。

　合同会社の社員は，その会社の営業時間内はいつでも，計算書類（書面又は電磁的記録）の閲覧又は謄写の請求をすることができることになっています（会社618条1項）。

　また，合同会社の債権者についても，その合同会社の営業時間内はいつでも，作成した日から5年以内のものに限りますが，その計算書類の閲覧又は謄写の請求をすることができることになっています（会社625条）。これは，合同会社の社員は会社の債務につき直接に会社債権者に対して責任を負わないため（会社576条4項・578条），会社債権者にとって合同会社の財産の状況，経営成績を知る必要性が高いためです。

　さらに，裁判所は，申立て又は職権で，訴訟の当事者に対し，計算書類の全部又は一部の提出を命ずることができます（会社619条）。

　なお，合同会社に対しては，株式会社のように決算公告を義務付けられていません。

（ⅰ）貸借対照表（会社617条）

　会社の設立の日及び各事業年度末日における財政状態を明らかにするため，資産の部，負債の部及び純資産の部に区分して表示します（会計規73条）。

　資産の部は，Ⅰ流動資産，Ⅱ固定資産，Ⅲ繰延資産に区分し（会計規74条1項），固定資産はさらに，ⅰ有形固定資産，ⅱ無形固定資産，ⅲ投資その他の資産に区分しなければなりません（会計規74条2項）。負債の部は，Ⅰ流動負債，Ⅱ固定負債に区分しなければなりません（会計規75条1項）。純資産の部は，Ⅰ社員資本，Ⅱ評価・換算差額等に区分しなければなりません（会計規76条1項3号）。社員資本はさらに，ⅰ資本金，ⅱ出資金申込証拠金，ⅲ資本剰余金，ⅳ利益剰余金に区分しなければなりません（会計規76条3項）し，評価・換算差額等は，ⅰその他有価証券評価差額金，ⅱ繰延ヘッジ損益，ⅲ土地再評価差額金その他適当な名称を付した項目に細分しなければなりません（会計規76条7項）。

　なお，合同会社の純資産の部については，自己株式の区分，資本剰余金の区分における資本準備金と利益剰余金の区分における利益準備金はありません。

（ⅱ）損益計算書（会計規71条1項2号）

　会社の各事業年度の経営成績を明らかにするため，それぞれの事業年度に発生した全ての収益とこれに対応する費用を記載して利益を表示するもので，Ⅰ売上高，Ⅱ売上原価，Ⅲ販売費及び一般管理費，Ⅳ営業外収益，Ⅴ営業外費用，Ⅵ特別利益，Ⅶ特別損失に区分して表示しなければなりません（会計規88条）。

　Ⅰ売上高からⅡ売上原価を差し引いた売上総損益金額（売上総利益金額又は売上総損失金額）を表示し（会計規89条），売上総損益金額からⅢ販売費及び一般管理費合計額を差し引いた営業損益金額（営業利益金額又は営業損失金額）を表示し（会計規90条），営業損益金額にⅣ営業外収益を加算しⅤ営業外費用を減算した経常損益金額（経常利益金額又は経常損失金額）を表示し（会計規91条），経常損益金額にⅥ特別利益を加算しⅦ特別損失を減算した税引前当期純損益金額（税引前当期純利益金額又は税引前当期純損失金額）を表示し（会計規92条），最後に法人税等の項目（会計規93条）を差し引いた当期純損益金額（当期純利益金

額又は当期純損失金額）を表示しなければなりません（会計規94条）。

（ⅲ）社員資本等変動計算書（会計規71条1項2号）

社員資本等変動計算書は，いわゆる損益取引以外の取引により，純資産の部の計数が変動する場合に，純資産の部の変動を明らかにするものです。したがって，その区分も純資産の区分と同様であり，それぞれ，Ⅰ前期末残高，Ⅱ当期変動額（変動事由ごとに当期変動額及び変動事由を明らかにする），Ⅲ当期末残高を表示しなければなりません（会計規96条2項3号・3項3号・7項）。

（ⅳ）個別注記表（会計規71条1項2号）

個別注記表は，従来，貸借対照表又は損益計算書に注記すべきものとされていたものをまとめて記載するものです。株式会社については注記表を15の項目に区分すべきとしています（会計規98条1項）が，合同会社については，重要な会計方針に係る事項に関する注記及びその他の注記で足りるものとしています（会計規98条2項5号）。

会計帳簿と計算書類

	種類	保存期間	その他の義務等
会計帳簿（書面又は電磁的記録にて作成）	仕訳（日記）帳 総勘定元帳 補助元帳 各種補助簿 その他重要資料	帳簿閉鎖時から10年（清算の場合,清算結了から10年）	①社員は，営業時間内はいつでも，閲覧又は謄写の請求をすることができる。②裁判所は，申立てにより又は職権で，提出を命ずることができる。
計算書類（書面又は電磁的記録にて作成）	貸借対照表 損益計算書 社員資本等変動計算書 個別注記表	作成した時から10年	①公告の義務なし ②社員は，営業時間内はいつでも，閲覧又は謄写の請求をすることができる。③債権者は，5年以内のものに限り，営業時間内はいつでも，閲覧又は謄写の請求をすることができる。④裁判所は，申立てにより又は職権で，提出を命ずることができる。

なお，標準的な合同会社の計算書類の形式を示しておきますので，ご参照ください。

第Ⅱ章　合同会社の概要

標準的な計算書類の形式

貸借対照表

合同会社○○商店　　　　　　平成○○年3月31日現在　　　　　　代表者　○○○○○

(単位：円)

資産の部		負債の部及び純資産の部	
科目	金額	負債の部	
		科目	金額
【流動資産】	【×,×××,×××】	【流動負債】	【×,×××,×××】
現金及び預金	×,×××,×××	支払手形	×,×××,×××
受取手形	×,×××,×××	買掛金,工事未払金	×,×××,×××
売掛金,完成工事未収入金	×,×××,×××	前受金,未成工事受入金	×,×××,×××
未収金	×,×××,×××	未払金	×,×××,×××
有価証券	×,×××,×××	未払費用	×,×××,×××
商品	×,×××,×××	前受収益	×,×××,×××
製品,副産物	×,×××,×××	仮受金	×,×××,×××
半製品	×,×××,×××	預り金	×,×××,×××
仕掛品,未成工事支出金	×,×××,×××	賞与引当金	×,×××,×××
消耗品,貯蔵品	×,×××,×××	【固定負債】	【×,×××,×××】
前渡金	×,×××,×××	社債	×,×××,×××
前払費用	×,×××,×××	長期借入金	×,×××,×××
未収収益	×,×××,×××	退職給付引当金	×,×××,×××
仮払金	×,×××,×××		
立替金	×,×××,×××		
貸倒引当金	△　×,×××,×××		
【固定資産】	【××,×××,×××】		
（有形固定資産）	(×,×××,×××)		
建物及び附属設備	×,×××,×××		
構築物	×,×××,×××		
機械及び装置	×,×××,×××		
船舶,車両運搬具	×,×××,×××	負債の部合計	××,×××,×××
工具器具及び備品	×,×××,×××	純資産の部	
土地	××,×××,×××		
リース資産	×,×××,×××	【社員資本】	【××,×××,×××】
建設仮勘定	×,×××,×××	資本金	×,×××,×××
減価償却累計額	△　×,×××,×××	資本剰余金	×,×××,×××
（無形固定資産）	(×,×××,×××)	利益剰余金	×,×××,×××
特許権	×,×××,×××		
借地権,地上権	×,×××,×××		
商標権など	×,×××,×××		
ソフトウェア	×,×××,×××		
のれん	×,×××,×××		
（投資その他の資産）	(×,×××,×××)		
投資有価証券	×,×××,×××		
出資金	×,×××,×××		
長期貸付金	×,×××,×××		
長期前払費用	×,×××,×××		
更生債権等	×,×××,×××		
【繰延資産】	【×,×××,×××】		
創立費	×,×××,×××		
開業費	×,×××,×××		
開発費	×,×××,×××	純資産の部合計	×,×××,×××
資産の部合計	××,×××,×××	負債の部及び純資産の部合計	××,×××,×××

4 計 算

損益計算書

合同会社○○商店　　　　自　平成○○年4月1日　　　　代表者　○○○○○
　　　　　　　　　　　　至　平成○○年3月31日
（単位：円）

科　　　　　　　　　　目	金	額
【純売上高】		
売上高	×××,×××,×××	×××,×××,×××
【売上原価】		
期首棚卸高	××,×××,×××	
商品仕入高	×××,×××,×××	
合　　　計	(×××,×××,×××)	
期末棚卸高	××,×××,×××	×××,×××,×××
売 上 総 利 益 金 額		(×××,×××,×××)
【販売費及び一般管理費】		
広告宣伝費	×××,×××	
販売促進費	×××,×××	
給料手当	×××,×××	
雑給	×××,×××	
法定福利費	×××,×××	
福利厚生費	×××,×××	
減価償却費	×××,×××	
交際接待費	×××,×××	
地代家賃	×××,×××	
リース料	×××,×××	
水道光熱費	×××,×××	
修繕費	×××,×××	
通信費	×××,×××	
旅費交通費	×××,×××	
車両関連費	×××,×××	
保険料	×××,×××	
消耗品費	×××,×××	
図書・研修費	×××,×××	
支払手数料	×××,×××	
租税公課	×××,×××	
諸会費	×××,×××	
管理諸費	×××,×××	
雑費	×××,×××	××,×××,×××
営 業 利 益 金 額		(×,×××,×××)
【営業外収益】		
受取利息	××,×××	
雑収入	×,×××	××,×××
【営業外費用】		
手形売却損	××,×××	
雑損失	×,×××	××,×××
経 常 利 益 金 額		(×,×××,×××)
【特別利益】		
償却債権取立益	××,×××	
固定資産売却益	×,×××	××,×××
【特別損失】		
固定資産除却損	××,×××	
前期損益修正損	×,×××	××,×××
税引前当期純利益金額		(×,×××,×××)
法人税住民税及び事業税		×××,×××
当 期 純 利 益 金 額		(×,×××,×××)

第Ⅱ章　合同会社の概要

(縦型形式)

社員資本等変動計算書

自　平成○○年4月1日
至　平成○○年3月31日

合同会社○○商店　　　　　　　　　　　　　　　　　代表者　○○○○○
(単位：円)

社員資本	資本金			x,xxx,xxx
	資本剰余金	当期首残高		x,xxx,xxx
		当期変動額		x,xxx,xxx
		当期末残高		x,xxx,xxx
	利益剰余金	当期首残高		x,xxx,xxx
		当期変動額		
		当期純利益	x,xxx,xxx	x,xxx,xxx
		当期末残高		x,xxx,xxx
純資産の部		当期首残高		x,xxx,xxx
		当期変動額		
		当期純利益	x,xxx,xxx	x,xxx,xxx
		当期末残高		x,xxx,xxx

(横型形式)

社員資本等変動計算書

自　平成○○年4月1日
至　平成○○年3月31日

合同会社○○商店　　　　　　　　　　　　　　　　　　　　　(単位：円)

	株主資本				社員資本合計	純資産合計
	資本金	資本剰余金	利益剰余金			
			○○積立金	繰越利益剰余金		
前期末残高	x,xxx,xxx	x,xxx,xxx	xxx,xxx	x,xxx,xxx	xx,xxx,xxx	xx,xxx,xxx
当期変動額						
当期純利益金額				x,xxx,xxx	x,xxx,xxx	x,xxx,xxx
当期変動額合計				x,xxx,xxx	x,xxx,xxx	x,xxx,xxx
当期末残高	x,xxx,xxx	x,xxx,xxx	xxx,xxx	x,xxx,xxx	x,xxx,xxx	x,xxx,xxx

個別注記表

自　平成〇〇年 4 月 1 日
至　平成〇〇年 3 月 31 日

合同会社〇〇商店

Ⅰ　この計算書類は，「中小企業の会計に関する基本要領」（又は「中小企業の会計に関する会計指針」）によって作成しています。
Ⅱ　重要な会計方針に係る事項に関する注記
　1　棚卸資産の評価基準及び評価法
　　　先入先出法による原価法を採用しております。
　2　固定資産の減価償却の方法
　　(1)有形固定資産
　　　法人税法の規定に基づく定率法又は旧定率法を採用しております。
　　　ただし，平成10年4月1日以後に取得した建物（附属設備を除く）については法人税法の規定に基づく旧定額法，平成19年4月1日以後に取得した建物（附属設備を除く）については定額法を採用しております。なお，平成15年4月1日以後に取得した取得価額30万円未満の資産については，取得時に費用処理しております。
　　(2)無形固定資産
　　　法人税法の規定に基づく定額法又は旧定額法を採用しております。
　3　引当金の計上基準
　　(1)貸倒引当金
　　　債権の貸倒損失に備えるため，一般債権については法人税法に規定する法定繰入率により計算した回収不能見込み額の他，個別に債権の回収可能性を検討し，必要額を計上しております。
　　(2)賞与引当金
　　　過去の実績に基づき暦年基準により計上しております。
　　(3)退職引当金
　　　退職規定に基づき期末時退職金要支給額の50％を計上しております。
　4　消費税等の会計処理
　　　消費税等の会計処理は税抜き方式を採用しております。
Ⅲ　その他の注記
　1　受取手形中の不渡手形　　　　　　　　　　　×,×××,×××円

以　上

3 資本金の減少と債権者保護手続

(1) 損失のてん補のための資本金の減少

　合同会社は，損失のてん補のために，その資本金の額を減少することができます（会社620条1項）。損失のてん補のために減少させることのできる資本金の額は，次の①及び②に掲げるいずれか低い額を上限とされます（会社620条2項，会計規162条）。

① 資本金減少の日の資本剰余金と利益剰余金の合計額がマイナスである場合のマイナス相当額
② 資本金減少の日の資本金の額

　なお，損失のてん補のために減少した資本金の額は，資本剰余金となります（会計規31条1項4号）。ただし，合同会社においては，資本金を資本剰余金に振り替えるには，債権者保護手続（会社627条）を取らなければなりません（会計規30条2項5号・31条1項4号）。

(2) 出資の払戻しのための資本金の減少

　合同会社は，出資の払戻しのために，その資本金の額を減少することができます（会社626条1項）。出資の払戻しにより減少する資本金の額は，出資払戻額，すなわち，社員に対して交付する金銭等の帳簿価額（会社632条2項）から出資の払戻しをする日における剰余金額を控除して得た額を超えてはなりません（会社626条2項）。この場合の「剰余金額」とは，①資産の額から②負債の額，③資本金の額，④資本剰余金に計上されている金額の合計額を減じて得た金額です（会社626条4項，会計規164条1号・2号・3号イ）。

　したがって，出資の払戻しのために減少することができる資本金の限度算定上の「剰余金額」はその社員の出資につき資本剰余金に計上されている金額です。これは，出資の払戻しを行う場合において，その社員の出資につき資本剰余金に計上されている額があるときは，その資本剰余金を財源とした上で，その資本剰余金では財源が不足する場合に限って，資本金を減少するという趣旨

です。

　資本剰余金を超えて払戻しが行われる場合には，その超過部分に相当する額の資本金が減少します（会計規30条2項2号）。合同会社が出資の払戻しのために資本金の額を減少する場合には，債権者保護手続をとらなければなりません（会社627条）。

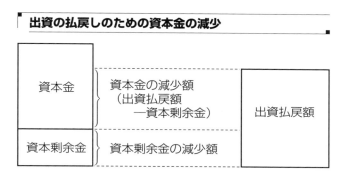

出資の払戻しのための資本金の減少

(3) 持分の払戻しのための資本金の減少

　合同会社を含む持分会社においては，会社の存続中に社員の地位が絶対的に消滅する退社の制度が認められています（会社606条・607条）。退社により，退社した社員と会社との間で財産関係の処理が行われ，退社した社員は，出資の種類を問わず，退社当時の会社の財産の状況に従って，その持分の払戻しができます（会社611条1項・2項）。持分に相当する財産は，その社員が過去に履行した出資と，その社員に帰属している損益です。

　合同会社は，持分の払戻しのために，その資本金の額を減少することができます（会社626条1項）。持分の払戻しにより減少する資本金の額は，出資払戻額，すなわち，社員に対して交付する金銭等の帳簿価額（会社635条1項）から出資の払戻しをする日における剰余金額を控除して得た額を超えてはなりません（会社626条3項）。この場合の「剰余金額」とは，①資産の額から②負債の額，③資本金の額，④退社する社員につき資本剰余金に計上されている金額と⑤持分の払戻しにより減少する利益剰余金の額の合計額を減じて得た金額です（会

社626条4項,会計規164条1号・2号・3号ロ・32条2項2号)。

　持分の払戻しの場合は,出資の払戻しの場合と異なり,社員に帰属している利益も払い戻され,利益剰余金の額が減少することがあるからです。したがって,持分の払戻しの場合も,資本剰余金の額を超えて払戻しが行われる場合にはその超過部分に相当する資本金が減少しますが(会計規30条2項2号),減少する利益剰余金の額に相当する額については,資本金を減少することができません。

　なお,合同会社が出資の払戻しのために資本金の額を減少する場合には,債権者保護手続をとらなければなりません(会社627条)。

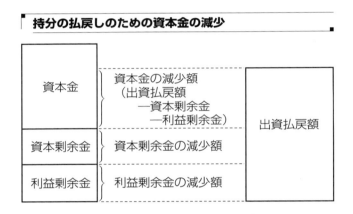

(4) 債権者保護手続

　合同会社が資本金の額を減少する場合には,その合同会社の債権者は,その会社に対し,資本金の額の減少について異議を述べることができます(会社627条1項)。

　また,合同会社は資本金の減少の内容,及び債権者が一定の期間内(1ヵ月を下回ることはできません)に異議を述べることができる旨を官報に公告し,かつ,知れている債権者には各別に催告しなければなりません(会社627条2項)。なお,官報による公告のほか,定款の定めにより日刊新聞紙に掲載する方法又

は電子公告によるときは，各別の催告は要しません（会社627条3項）。

　各別に催告しなければならない「知れている債権者」とは，債権者が誰であり，その債権がいかなる原因に基づくいかなる内容のものであるかの大体を会社が知っている場合をいいます。

債権者保護手続

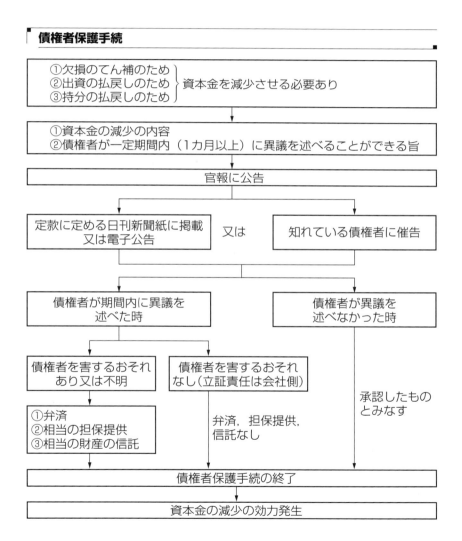

債権者が期間内に異議を述べなかったときは，その資本金の減少について承認したものとみなします（会社627条4項）。しかし，債権者が期間内に異議を述べたときは，合同会社は，その債権者に対し，弁済若しくは相当の担保を提供し，又はその債権者に弁済を受けさせることを目的として信託会社等に相当の財産を信託しなければなりません。ただし，その資本金の減少をしてもその債権者を害するおそれがないときは，この限りでありません（会社627条5項）。

債権者を害するおそれがないかどうかは，その債権者の債権額，弁済期などと資本金減少による影響を考慮して判断することになります。その判断が争われれば，債権者を害するおそれのないことの立証責任は，会社にあります。

資本金の減少は，債権者保護手続が終了した日に，その効力を生じます（会社627条6項）。債権者保護手続を経ないで資本金を減少した業務執行社員は過料に処されます（会社976条26号）。

4 損益分配と利益の配当

(1) 損益分配

損益分配の割合について定款の定めがないときは，その割合は，各社員の出資の価額に応じて定め（会社622条1項），利益又は損失の一方についてのみ分配割合を定款で定めたときは，その割合は，利益及び損失の分配に共通であるものと推測されます（会社622条2項）。

合同会社の貸借対照表上の資産額と負債額の差額である純資産額と社員の出資財産の総額とを比較し，前者が後者を超える額を利益とし，後者が前者を超える額を損失とするのが原則です。合同会社の事業経営により生じた利益及び損失が各社員にどのような割合で分配されるかは，定款で定めることができることを前提としています。

損益の分配の割合は各社員の出資の価額に比例させる必要はなく，また，利益の分配の割合と損失の分配の割合を別々に定めても良いとされています。ただし，一部の社員が利益分配を全く受けない旨の定款の定めは，対外活動によ

って得た出資者である社員に分配することを目的とする，会社の営利法人の本質に反することになり，許されません。

　合同会社の利益は，利益が生じた事業年度に分配しなければならないわけではありません。定款の定めにより，利益の全部又は一部を留保しておき，各社員の持分を増加させるという方法によって利益分配をすることも認められます。

　損失の分配により，社員は追加出資して現実に損失をてん補する必要はなく，その分だけ各社員の持分が減少するに過ぎません。

(2) 利益の配当

　利益の配当は，合同会社の内部に留保されている利益のうち，各社員に分配された利益の払戻しを受ける行為です。社員は，合同会社に対し，利益の配当を請求することができ（会社621条1項），合同会社は，利益の配当を請求する方法その他の利益の配当に関する事項を定款で定めることができます（会社621条2項）。また，社員の持分の差押えは，利益配当請求権に対してもその効力を有します（会社621条3項）。

　合同会社においては，利益の配当をする時期，回数，その事業年度に配当する財産の種類・額など，利益の配当に関する事項を定款で定めることができます（会社621条2項）。

　会社は各事業年度にかかる計算書類を作成しなければなりませんから（会社617条），定款の定めがないときは，利益の配当は事業年度の終わりに定期的に実行されることになります。しかし，定款で定めれば，事業年度中にいつでも回数の制限なく利益の配当をすることは認められます。

　また，利益の配当はその事業年度において社員であった者に帰属させることが通例でしょうが，定款で定めれば，事業年度終了後に新たに社員になった者に配当することは認められます。

　なお，利益の配当は，金銭をもって支払われるのが通例です。しかし，定款で定めなくても，株式会社と同じく，金銭以外の財産を交付することは認められます。

第Ⅱ章　合同会社の概要

利益の配当

配当の時期	定款の定めにより，いつでも可能
配当の回数	定款の定めにより，何回でも可能
配当財産の種類	金銭以外の財産による配当も可能
配当の財源	利益の蓄積額である利益剰余金のみが財源となる
配当の制限額	次に掲げる金額のうちいずれか少ない額 ①利益配当をした日における利益剰余金額 ②既に分配された利益の金額－（既に分配された損失の金額＋既に配当された金額）

配当に関する定款記載例

例１（利益の配当）
　第○○条　各社員への利益の配当に関する事項については，代表社員がこれを決める。
例２（利益の配当）
　第○○条　各社員への利益の配当については，毎年○月末日及び○月末日における社員に対し，総社員の同意により定める。
例３（利益の配当）
　第○○条　当会社は，損失を補填し，かつ○○の積立をした後でなければ利益の配当をすることができない。

(3) 利益配当の制限

　合同会社は，配当額，すなわち，利益の配当により社員に対して交付する金銭等の帳簿価額が，当該利益の配当をする日における利益額を超える場合には，その利益の配当をすることはできません。この場合において合同会社は配当請求権を拒むことができます（会社628条）。合同会社について，利益配当の財源による制限を定めているのは，合同会社の社員全員が債権者に対し間接有限責任しか負わないためです（会社576条4項・578条）。

　この場合の「利益額」は，次に掲げる①又は②のいずれか少ない額です（会社623条1項，会計規163条）。

① 利益の配当をした日における利益剰余金の額
② 請求をした社員に対して既に分配された利益の額－（当該社員に対して既に分配された損失の額＋当該社員に対して交付された配当額）

（4）利益配当に関する責任

　合同会社が前記（3）に掲げる制限額を超える，いわゆる違法配当をした場合にはその利益の配当に関する業務を執行した社員は，その合同会社に対し，利益の配当を受けた社員と連帯して，その配当額に相当する金銭を支払う義務を負います。ただし，その業務を執行した社員が，その職務を行うについて注意を怠らなかったことを証明した場合は，この限りではありません（会社629条1項）。

　会社債権者を保護するため，原則として業務執行社員と配当を受けた社員の違法配当の責任は免除することができません。ただし，利益の配当をした日における利益額を限度として支払義務を免除することについて総社員の同意がある場合は免除できます（会社629条2項）。

　ここでいう「利益額」は，上記（3）と異なり，利益剰余金の額です（会社623条，会計規163条）。利益剰余金を超えて配当した額については，総社員の同意による免除は認められません。

（5）求償権の制限

　合同会社が違法配当をした場合において，利益の配当を受けた社員は，配当額が利益の配当をした日における利益額を超えることにつき善意であるときは，その配当額について，その利益配当に関する業務を執行した社員からの求償の請求に応ずる義務を負いません（会社630条1項）。

　違法配当であることにつき善意の社員に対する求償権を制限しているのは，業務執行社員が自己の責任ある行為に基づき善意者に対してまで権利を主張するのは不適当であるからです。違法配当の基準となる「利益額」は，上記（3）の「利益額」と同じです。

また，合同会社が違法配当をした場合には，その会社の債権者は，利益の配当を受けた社員に対し，配当額（配当額が債権者のその会社に対する債権額を超えるときは，その債権額）に相当する金銭を支払わせることができます（会社630条2項）。

(6) 期末欠損てん補責任

合同会社が利益の配当をした場合において，その利益の配当をした日の属する事業年度末日に欠損額が生じた場合には，その利益の配当に関する業務を執行した社員は，その合同会社に対し，その利益を受けた社員と連帯して，その欠損金額（欠損金額が配当額を超えるときは，その配当額）を支払う義務を負います。ただし，その業務を執行した社員が，その業務を行うにつき注意を怠らなかったことを証明した場合はこの限りではありません（会社631条1項）。

つまり，利益配当をした時点では適法な場合でも，業績予測などを見誤り，事後的にその利益配当をした日の属する事業年度の末日に欠損が生じたときには，利益の配当を受けた社員も，業務執行社員と連帯して責任を負うことになります。

この場合の「欠損額」は次の①に掲げる額から②及び③に掲げる合計額を減じた額（0未満の場合は，0）です（会計規165条）。

① その事業年度の資本剰余金及び利益剰余金の合計額がマイナスである場合のマイナス部分の額
② 当期純損失額
③ その事業年度に出資の払戻しがあった場合の持分払戻し額から払戻し日の利益剰余金の額と資本剰余金の額を差し引いた額

なお，欠損額が配当額を超えるときは業務執行社員及びその配当を受けた社員は，その配当額を限度として支払義務を負います（会社631条1項カッコ書き）。

業務執行社員及び利益の配当を受けた社員の期末欠損てん補責任は，総社員の同意がなければ，その義務を免除することはできません（会社631条2項）。

違法配当に対する責任等

		違法配当をした業務執行社員	違法配当を受けた社員
配当の制限額を超えた違法配当に対する責任（会社に対する支払義務）	原則	連帯して，配当額に相当する金銭を支払う義務あり	
	例外1	利益剰余金を限度として，総社員の同意により免除できる	
	例外2	業務執行社員がその職務を行うについて注意を怠らなかったことを証明した場合，支払義務なし	
支払義務を履行した業務執行社員からの求償に対する責任	原則	―	あり
	例外	―	配当額が利益配当の制限額を超えることにつき善意であるとき，求償の請求に応ずる義務なし
債権者からの求償に対する責任（会社に対する支払義務）	原則	―	あり（債権者の債権額を限度）

期末欠損てん補責任

		違法配当をした業務執行社員	違法配当を受けた社員
期末欠損てん補責任（利益配当をした事業年度末日において欠損額が生じた場合の支払義務）	原則	連帯して，欠損金額を支払う義務あり（欠損額が配当額を超えるときは，配当額を限度）	
	例外1	総社員の同意により免除できる	
	例外2	業務執行社員がその業務を行うについて注意を怠らなかったことを証明した場合，支払義務なし	

5 出資の払戻し

(1) 出資の払戻しの制限

　合同会社の社員は，債権者保護の観点から，定款を変更してその出資の価額を減少する場合を除き，出資の払戻しの請求をすることができません（会社632条1項）。

　合同会社の社員は全員が有限責任社員であり（会社576条4項），社員は設立時に，その出資に係る金銭の全額の払込み又は金銭以外の財産の全部の給付をしなければなりません（会社578条）。したがって，合同会社においては，定款で定めた社員の出資額と，社員が履行した出資の価額は一致しますし，その出資の価額は，合同会社の債権者に対する責任財産となり信頼の基礎となります。

　そこで，出資の払戻しにより，定款で定めた出資の価額と履行した出資の価額が一致しなくなることがないようにするため，定款を変更して出資の価額を減少する場合を除き，出資の払戻しを請求することができないものとしています。

　定款を変更して出資の価額を減少する場合，合同会社が，出資の払戻しにより社員に対して交付する金銭等の帳簿価額が，出資の払戻しを請求した日における剰余金額（出資の払戻しのために資本金の減少をした場合においては，その減少後の剰余金額）又は定款を変更して出資の価額を減少した額のいずれか少ない額を超える場合には，その出資の払戻しをすることができません。この場合には，合同会社は，出資の払戻しの請求を拒むことができます（会社632条2項）。

　制限の基準となる「剰余金額」とは，次に掲げる①又は②のいずれか少ない額です（会社626条2項・4項，会計規164条3号ハ）。

① 社員の請求に応じて出資の払戻しをした日における利益剰余金の額及び資本剰余金の額の合計額

② その社員の出資につき資本剰余金に計上されている額

(2) 出資の払戻しに関する責任

　合同会社が出資の払戻しの制限に違反して出資の払戻しを行った場合には，その業務を執行した社員は，合同会社に対し，その出資の払戻しを受けた社員と連帯して，その出資の払戻し額に相当する金銭を支払う義務を負います。ただし，その業務を執行した社員が，その職務を行うについて注意を怠らなかったことを証明した場合は，この限りではありません（会社633条1項）。

　上記の義務を免除することについて総社員の同意がある場合には，出資の払戻しの日における剰余金の額を限度として免除することができます（会社633条2項）。

　業務執行社員及び出資の払戻しを受けた社員の責任は，合同会社が違法配当をした場合の責任と同様です。また，ここでいう「剰余金額」は，上記（1）の出資の払戻しの制限額の際の剰余金と異なり，社員の請求に応じて出資の払戻しを受けた日における利益剰余金と資本剰余金の合計額です（会計規164条3号ニ）。債権者との関係では，利益剰余金及び資本剰余金の合計額だけが問題になるからです。利益剰余金と資本剰余金の合計額を超えて払い戻した額については，総社員の同意による免除は認められません。

(3) 求償権の制限

　合同会社が違法な出資の払戻しをした場合において，その払戻しを受けた社員は，出資払戻額が出資の払戻しをした日における剰余金額を超えることにつき善意であるときは，その出資払戻額について，その違法払戻しに関する業務を執行した社員からの求償の請求に応ずる義務を負いません（会社634条1項）。この善意の社員に対する求償権の制限は，合同会社が違法配当をした場合の特則（会社630条1項）と同様です。また，財源に違反する基準となる「剰余金額」については，上記（1）の場合と同様です（会計規164条3号ハ）。

　また，合同会社が違法な出資の払戻しをした場合には，その会社の債権者は，その出資の払戻しを受けた社員に対し，出資払戻額（その出資払戻額が債権者のその会社に対する債権額を超えるときは，その債権額）に相当する金銭を支払わ

せることができます（会社 634 条 2 項）。この債権者の支払請求権は，合同会社が違法配当をした場合の特則（会社 630 条 2 項）と同様です。また，財源に違反する基準となる「剰余金額」については，上記（1）の場合と同様です（会計規 164 条 3 号ハ）。

違法な出資の払戻しに対する責任等

		違法な払戻しをした業務執行社員	違法な払戻しを受けた社員
出資の払戻しの制限額を超えた払戻しに対する責任（会社に対する支払義務）	原則	連帯して，出資の払戻額に相当する金銭を支払う義務あり	
	例外1	利益剰余金と資本剰余金の合計額を限度として，総社員の同意により免除できる	
	例外2	業務執行社員がその職務を行うについて注意を怠らなかったことを証明した場合，支払義務なし	
支払義務を履行した業務執行社員からの求償に対する責任	原則	―	あり
	例外	―	出資の払戻額が制限額を超えることにつき善意であるとき，求償の請求に応ずる義務なし
債権者からの求償に対する責任（会社に対する支払義務）	原則	―	あり（債権者の債権額を限度）

6 持分の払戻し

（1）退社による持分の払戻し

合同会社を含む持分会社においては，会社の存続中に社員の地位が絶対的に消滅する退社の制度が認められています（会社 606 条・607 条）。退社により，退社した社員と会社との間で財産関係の処理が行われ，退社した社員は，出資の種類を問わず，退社当時の会社の財産の状況に従って，その持分の払戻しが

できます（会社611条1項・2項）。

　持分に相当する財産は，その社員が過去に履行した出資と，その社員に帰属している損益です。持分の払戻しにより，その社員の出資に対応する部分及び利益に対応する部分の資本金・資本剰余金と利益剰余金が減少することになります（会計規30条2項1号・31条2項1号・32条2項1号）。

　合同会社においては，持分の払戻しのため資本金を減少する場合は，減少する資本金の額は，持分払戻額から，持分の払戻しをする日における剰余金を控除して得た額，退社した社員の出資につき資本剰余金に計上されている額と持分の払戻しにより減少する利益剰余金の合計額を控除して得た額を超えてはなりません（会社626条3項・4項，会計規164条3号ロ）。

(2) 債権者保護手続

　合同会社が持分の払戻しにより社員に対して交付する金銭等の帳簿価額が，その持分の払戻しをする日における剰余金額を超える場合には，その合同会社の債権者は，その会社に対し，持分の払戻しについて異議を述べることができます（会社635条1項）。この場合の「剰余金額」は資本剰余金及び利益剰余金の額の合計額です（会社626条4項，会計規164条3号ホ）。

　また，合同会社は剰余金額を超える持分の払戻しの内容，及び債権者が一定の期間内（1カ月を下回ることはできません。また，持分払戻額がその会社の純資産額を超える場合には，2カ月を下回ることはできません）に異議を述べることができる旨を官報に公告し，かつ，知れている債権者には各別に催告しなければなりません（会社635条2項）。なお，官報による公告のほか，定款の定めにより日刊新聞紙に掲載する方法又は電子公告によるときは，各別の催告の必要はありません。ただし，持分払戻額がその会社の純資産額を超える場合には，各別の催告を要します（会社635条3項）。

　この場合の「純資産額」として算定される額は，①資本金の額，②資本剰余金の額，③利益剰余金の額，④最終事業年度の末日における評価・換算差額等に係る額の合計額です（会計規166条）。

また，各別に催告しなければならない「知れている債権者」とは，債権者が誰であり，その債権がいかなる原因に基づくいかなる内容のものであるかの大体を会社が知っている場合をいいます。

債権者が期間内に異議を述べなかったときは，その持分の払戻しについて承認したものとみなします（会社 635 条 4 項）。しかし，債権者が期間内に異議を述べたときは，合同会社は，その債権者に対し，弁済若しくは相当の担保を提供し，又はその債権者に弁済を受けさせることを目的として信託会社等に相当の財産を信託しなければなりません。

ただし，持分払戻額がその会社の純資産額を超えない場合において，その持分の払戻しをしてもその債権者を害するおそれがないときは，この限りでありません（会社 635 条 5 項）。債権者を害するおそれがないかどうかは，その債権者の債権額，弁済期などと持分の払戻しによる影響を考慮して判断することになります。

(3) 業務執行社員の責任

合同会社が必要な債権者保護手続の規定に違反して持分の払戻しをした場合には，その業務を執行した社員は，その会社に対し，その持分の払戻しを受けた社員と連帯して，その持分払戻額に相当する金銭を支払う義務を負います。ただし，その業務を執行した社員が，その職務を行うについて注意を怠らなかったことを証明した場合は，この限りではありません（会社 636 条 1 項）。

業務執行社員が支払うべき金銭は，会社に与えた損害ではなく，社員が持分の払戻しを受けた額であり，社員が合同会社に対して負う支払義務は，持分払戻額の全額です。金銭以外の財産の払戻しを受けた場合でも（会社 635 条 1 項），帳簿価額に相当する金銭を支払わなければなりません（会社 636 条 1 項）。

上記の義務を免除することについて総社員の同意がある場合には，出資の払戻しの日における剰余金の額を限度として免除することができます（会社 636 条 2 項）。この場合の「剰余金額」は，資本剰余金及び利益剰余金の合計額です（会計規 164 条 3 号ホ）。資本剰余金及び利益剰余金の合計額を超えて払い戻した額については，総社員の同意による免除は認められません。

5 組織再編等と登記手続

1 種類変更

　持分会社間における会社の種類の変更を種類変更といい，合同会社は，総社員の同意による定款を変更することにより，他の種類の持分会社である合名会社又は合資会社となることができます。

(1) 合名会社の種類変更

　合名会社は，その定款を変更して合同会社又は合資会社となることができます。つまり，その社員の全部を有限責任社員とする定款の変更により合同会社となることができ（会社638条1項3号），この場合の定款の変更は，出資に係る払込み及び給付が完了した日に，その効力を生じます（会社640条1項）。

　さらに，有限責任社員を加入させる定款の変更，又はその社員の一部を有限責任社員とする定款の変更により，合資会社となることができます（会社638条1項1号・2号）。

(2) 合資会社の種類変更

　合資会社は，その定款を変更して合同会社又は合名会社となることができます。つまり，その社員の全部を有限責任社員とする定款の変更により合同会社となることができ，その社員の全部を無限責任社員とする定款の変更により合名会社となることができます（会社638条2項）。

なお，合資会社においては，無限責任社員が退社したことによりその社員が有限責任社員のみとなった場合には，合同会社となる定款の変更があったものとみなされます（会社639条2項）。

しかし，合同会社となる定款の変更があったものとみなされる場合において，その定款の変更があったものとみなされた日から1カ月以内に出資に係る払込み又は給付を完了しなければなりません。ただし，その期間内に，無限責任社員がいる合名会社又は合資会社となる定款の変更をした場合には，この限りではありません（会社640条2項）。

また，合資会社においては，有限責任社員が退社したことによりその社員が無限責任社員のみとなった場合には，合名会社となる定款の変更があったものとみなされます（会社639条1項）。

(3) 合同会社の種類変更

合同会社は，その定款を変更して合名会社又は合資会社となることができます。つまり，その社員の全部を無限責任社員とする定款の変更により合名会社となることができ，無限責任社員を加入させる定款の変更，又はその社員の一部を無限責任社員とする定款の変更により，合資会社となることができます（会社638条3項）。

(4) 登記手続

持分会社が定款の変更により，他の種類の持分会社になったときは，その本店の所在地において，定款の変更の効力が生じた日から2週間以内に，種類の変更前の持分会社については解散の登記をし，種類の変更後の持分会社については設立の登記をする必要があります（会社919条）。

(5) 登録免許税

設立の登記における登録免許税は，合名会社又は合資会社については6万円（登税別表1第24号(1)ロ），合同会社は，資本金の額の1000分の1.5（種類の変更

をした会社の種類の変更直前における資本金の額として財務省令で定めるものを超える資本金の額に対応する部分に1000分の7。ただし，3万円に満たないときは3万円）であり（登税別表1第24号(1)ホ），解散の登記は3万円です（登税別表1第24号(1)ソ）。

2 組織変更

　会社法は，持分会社が株式会社となる場合，又は株式会社が持分会社となる場合を組織変更と規定しています（会社2条26号）。合同会社の組織変更については，株式会社と合同会社との間の組織変更は自由に認められています。

　しかし，合同会社から特例有限会社に組織変更することはできず，特例有限会社から合同会社に組織変更することだけが認められています。なお，持分会社間での会社の変更は，組織変更ではなく，定款の変更による持分会社の種類変更として取り扱われます。

(1) 合同会社から株式会社への組織変更
(ⅰ) 組織変更計画の作成
　合同会社から株式会社（特例有限会社は含まない）に組織変更するには，次に掲げる事項を記載した組織変更計画を作成する必要があります（会社743条・746条）。

---

① 組織変更後の株式会社の目的，商号，本店の所在地及び発行可能株式総数
② 組織変更後株式会社の定款で定める事項
③ 組織変更後株式会社の取締役の氏名
④ 組織変更後株式会社が会計参与設置会社である場合には会計参与の氏名又は名称，監査役設置会社（会計監査限定監査役設置会社を含む）である場合には監査役の氏名，会計監査人設置会社である場合には会計監査人の氏名又は名称

⑤　組織変更する合同会社の社員が組織変更に際して取得する組織変更後株式会社の株式の数又はその数の算定方法
⑥　組織変更する合同会社の社員に対する株式の割当てに関する事項
⑦　組織変更後株式会社が組織変更に際して，組織変更する合同会社の社員に対してその持分に代わる金銭等（社債，新株予約権，新株予約権付社債，これら以外の財産）を交付するときは，その金銭等に関する事項
⑧　組織変更する合同会社の社員に対する金銭等の割当てに関する事項
⑨　効力発生日

（ⅱ）総社員の同意
　組織変更する合同会社は，効力発生日の前日までに，組織変更計画について持分会社の総社員の同意を得る必要があります（会社781条1項）。

（ⅲ）債権者異議申述手続
　組織変更する場合の債権者異議申述手続とは，その会社は，債権者が1カ月を下らない一定の期間内に異議を述べることができる旨を官報に公告し，かつ，知れている債権者には，各別に催告しなければなりませんが，定款の定めに従い，日刊新聞紙又は電子公告により公告するときは，各別の催告は必要ありません。

　なお，債権者が期間内に異議を述べなかったときは，その債権者は，その組織変更について承認したものとみなされますが，期間内に異議を述べたときは，会社は，その債権者に対し，弁済若しくは相当の担保の提供又は信託会社に相当の財産を信託しなければなりません（会社781条2項）。

（2）株式会社から合同会社への組織変更
（ⅰ）組織変更計画の作成
　株式会社から合同会社に組織変更するには，次に掲げる事項を記載した組織変更計画を作成する必要があります（会社743条・744条）。

> ① 組織変更後の持分会社が合名会社，合資会社又は合同会社のいずれであるかの別
> ② 組織変更後の合同会社の目的，商号及び本店の所在地
> ③ 組織変更後の合同会社の社員についての次に掲げる事項
>   ア　その社員の氏名又は名称及び住所
>   イ　その社員が無限責任社員又は有限責任社員のいずれかの別
>   ウ　その社員の出資の価額
> ④ 組織変更後の合同会社の定款で定める事項
> ⑤ 組織変更後，合同会社が組織変更に際して，組織変更する株式会社の株主に対してその株式に代わる金銭等（社債，社債以外の財産）を交付するときは，その金銭等に関する事項
> ⑥ 組織変更する株式会社の株主に対する金銭等の割当てに関する事項
> ⑦ 組織変更する株式会社が新株予約権を発行しているときは，組織変更後，合同会社が組織変更に際して，その新株予約権の新株予約権者に対して交付するその新株予約権に代わる金銭の額又はその算定方法
> ⑧ 組織変更する株式会社の新株予約権の新株予約権者に対する金銭の割当てに関する事項
> ⑨ 効力発生日

(ⅱ) 組織変更計画の備置きと総株主の同意

　組織変更する株式会社は，その効力発生日までの間，組織変更計画の内容を記載又は記録した書面又は電磁的記録を本店に備え置かなければなりません（会社775条1項）。また，効力発生日の前日までに，組織変更計画についてその株式会社の総株主の同意を得る必要があります（会社776条1項）。

(3) 登記手続

　合同会社又は株式会社が組織変更をしたときは，本店の所在地において，その効力が生じた日から2週間以内に，支店においては3週間以内に，組織変更

前の会社については解散の登記をし，組織変更後の会社については設立の登記をする必要があります（会社920条・932条）。

また，解散の登記の申請と設立の登記の申請とは同時にしなければならず，却下事由があるときは，登記官により，これらの申請は共に却下されます（商登78条・107条・114条・123条）。

3 組織再編

(1) 合　併

株式会社及び持分会社は，他の会社と任意に合併することができます。合同会社の合併については，会社の種類を問わず自由に行うことができ，合併契約を締結しなければなりませんが，合併前及び合併後の会社について何ら制限はありません（会社748条）。

したがって，吸収合併における吸収合併存続会社又は新設合併における新設合併設立会社は，会社の種類を問わず，全ての種類の会社が許容されます。この場合，総社員の同意と債権者保護手続が必要です。

(2) 会社分割

合同会社は，吸収分割を行う場合には，吸収分割承継会社との間で，吸収分割契約を締結しなければなりません（会社757条）。また，新設分割をする場合には，新設分割計画を作成しなければなりません（会社762条1項）。

なお，合同会社の会社分割において，吸収分割会社又は新設分割会社になることができるのは，合同会社及び株式会社に限られ，合名会社及び合資会社は分割会社になることはできません（会社757条）。これは，合名会社及び合資会社の無限責任社員の責任の承継という問題が生じるためです。

ただし，吸収分割承継会社又は新設分割設立会社は，いかなる種類の会社でもよく制限がありません（会社760条・765条）。

(3) 株式交換

　合名会社及び合資会社については株式交換をすることはできません。これは，ニーズが乏しく実益が認められないからです。なお，株式交換において，完全親会社になることができるのは，合同会社及び株式会社のみに限られ，合同会社は完全子会社になることはできません。この場合，株式交換契約を締結しなければなりません（会社767条）。

(4) 株式移転

　合同会社は，株式移転が認められていません。しかし，合同会社の社員全員が，完全親会社となる会社に，持分の全部を譲渡することにより株式交換の完全子会社になると同様の効果があり，合同会社の社員全員が，持分の全部を現物出資して会社を設立することにより，株式移転と同様の効果を得ることができます。

　なお，合名会社，合資会社も，ニーズが乏しく必要性が認められないことから，株式移転は認められていません。

組織再編の比較表

	合名会社 合資会社	合同会社	株式会社
合併	あり	あり	あり
会社分割 （分割会社）	なし	あり	あり
株式交換	なし	あり（完全親会社） なし（完全子会社）	あり
株式移転	なし	なし	あり

6 解散と清算

1 解　散

(1) 意　義
　会社の法人格の消滅を生じさせる原因となる事実を解散といいます。しかし，解散により直ちに会社の法人格が消滅するのではなく，解散後に行われる法律関係の後始末をする清算手続や破産手続により消滅します。つまり，解散した合同会社も清算の目的の範囲内では権利能力が認められます。

(2) 解散事由
　合同会社は，次の解散事由により解散します（会社641条）。
① 　定款で定めた存続期間の満了
② 　定款で定めた解散の事由の発生
③ 　総社員の同意
④ 　社員が欠けたこと
⑤ 　合同会社が消滅する合併
⑥ 　破産手続開始の決定
⑦ 　解散を命ずる判決（解散命令・解散判決）
　ただし，合同会社は，上記の①から③までの事由により解散した場合には，清算が結了するまでの間に，全部又は一部の社員の同意により，合同会社を継続することができます（会社642条1項）。なお，合同会社の継続に同意しな

かった社員は，合同会社が継続となった日に退社します（会社642条2項）。

つまり，社員の意思で合同会社を継続することが認められているので，継続したときは，事業を再開することができます。

(3) 解散した合同会社に対する制限

合同会社が解散した場合には，解散した合同会社を存続会社とする合併は認められません。また，解散した合同会社を承継会社とする吸収分割もできません（会社643条）。しかし，他の会社に吸収され消滅会社となる合併は可能です。

(4) 登記手続

合同会社が解散したときは，本店所在地において，2週間以内に解散の登記をしなければなりません（会社926条）。また，解散登記申請書には，解散の旨並びにその事由及びその日付を記載しなければなりません（商登98条1項）。なお，登録免許税は3万円です（登税別表1第19号(1)ソ）。

2 清　算

(1) 意　義

合同会社の清算は，無限責任社員が存在しないため任意清算は認められず，法定清算のみです。また，清算合同会社は，株式会社同様，清算の目的の範囲内において，清算が結了するまで存続するものとみなされます（会社645条）。

(2) 清算開始原因

次に掲げる清算開始原因，つまり，①合併により解散した場合及び破産手続開始の決定により解散した場合で，その破産手続が終了していない場合を除く解散をした場合，及び②設立無効又は設立取消しの訴えに係る請求を認容する判決が確定した場合に行われる清算手続を法定清算といいます（会社644条）。

(3) 清算人
（ⅰ）選　任
　清算合同会社は，清算が開始されると，1人又は2人以上の清算人を選任します（会社646条）。なお，法人が清算人である場合には，清算人の職務を行うべき者を選任し，社員に通知しなければなりません（会社654条1項）。

　清算人には，定款で定める者又は社員の過半数の同意によって定める者がある場合を除き，業務執行社員が就任しますが（会社647条1項），社員が欠けたこと，解散命令，設立無効の訴え又は設立取消しの訴えにより解散した清算合同会社については，裁判所が選任した者が就任します（会社647条2項・3項・4項）。

（ⅱ）解　任
　清算人（裁判所が選任したものを除く）は，定款に別段の定めがある場合を除き，社員の過半数の決定をもって解任されますが，重要な事由があるときは，裁判所が，社員その他利害関係人の申立てにより清算人を解任することができます（会社648条）。

（ⅲ）職　務
　清算人の職務は，現務の結了，債権の取立て及び債務の弁済，残余財産の分配であり（会社649条），清算人が2人以上あるときは，清算合同会社の業務は，定款に別段の定めがある場合を除き，清算人の過半数をもって決定します（会社650条2項）。

　ただし，清算合同会社の財産がその債務を完済するに足りないときは，清算人は，直ちに破産手続開始の申立てをしなければなりません（会社656条1項）。なお，清算合同会社には，特別清算の規定は存在しません。

（ⅳ）義務と責任
　清算人と清算合同会社の関係は委任の関係にあり（会社651条1項），忠実義務を負い，清算人が競業取引をするには，社員全員の承認を受けなければならず，利益相反取引をするには，社員の過半数の承認を受ける必要があります（会社652条2項）。

さらに、清算人の任務懈怠により生じた損害がある場合には、その会社に対し、連帯して賠償する責任を負い（会社652条）、悪意又は重大な過失により生じた損害があるときには、第三者に対し、連帯して賠償する責任を負います（会社653条）。

（ⅴ）代表清算人

清算合同会社を代表するのは清算人ですが、2人以上ある場合には、各自、清算合同会社を代表します（会社655条1項・2項）。

さらに、定款又は定款の定めに基づく清算人の互選により清算人の中から代表清算人を定めることができますが（会社655条3項）、裁判所が、その清算人の中から代表清算人を定めることも可能です（会社655条5項）。

（ⅵ）財産目録等の作成・保存・提出

清算人は、就任後遅滞なく、清算合同会社の財産の現況を調査し、清算の開始原因が生じた日における財産目録及び貸借対照表を作成し、各社員に内容を通知しなければなりません（会社658条1項）。

また、清算合同会社は、財産目録等を作成したときから、その本店所在地における清算結了の登記の時までの間、財産目録等を保存しなければなりません（会社658条2項）。さらに、社員の請求により、毎月清算の状況を報告しなければなりません（会社658条3項）。

なお、裁判所は、申立て又は職権で、訴訟の当事者に対し、財産目録等の全部又は一部の提出を命ずることができます（会社659条）。

（4）債権者に対する公告等

清算開始原因が生じた後、清算合同会社は、遅滞なく、清算合同会社の債権者に対し、2カ月を下回らない一定の期間内にその債権を申し出るべき旨を官報に公告し、知れている債権者には、各別にこれを催告しなければなりません（会社660条1項）。なお、債権者がその期間内に申し出をしないときは、清算から除斥される旨を付記しなければなりません（会社660条2項・665条）。

(5) 債務の弁済の制限

債権申出の公告の期間内は，清算合同会社は債務の弁済をすることはできません。この場合において，清算合同会社は，その債務の不履行によって生じた責任を免れることはできませんが（会社661条1項），裁判所の許可を得て，少額の債権，担保付債権その他これを弁済しても他の債権者を害するおそれがない債権，条件付債権，存続期間が不確定な債権その他その額が不確定な債権については，清算事務結了の迅速化の観点から，裁判所の鑑定人の評価に従うことにより弁済することができます（会社661条2項・662条）。

(6) 残余財産の分配

清算合同会社は，債務を弁済した後でなければ，その財産を社員に分配することはできません（会社664条）。

なお，残余財産の分配の割合については，定款の定めがないときは，各社員の出資の価額に応じて定めます（会社666条）。また，清算合同会社は，清算事務が終了したときは，遅滞なく，清算に係る計算をして，社員の承認を受ける必要があります（会社667条）。

(7) 帳簿資料の保存

清算人，定款又は社員の過半数の賛成により定めた者又は利害関係人の申立てにより裁判所が選任した者は，清算合同会社の本店の所在地における清算結了の登記のときから10年間，清算合同会社の帳簿並びにその事業及清算に関する重要な資料を保存しなければなりません（会社672条）。

(8) 社員の責任の消滅時効

持分会社の社員の責任は，解散登記後5年以内に請求又は請求の予告をしない清算持分会社の債権者に対しては消滅します（会社673条1項）。ただし，登記後5年を経過した後であっても，残余財産がある場合には，清算持分会社の債権者は，清算持分会社に対して弁済を請求することができます（会社673条2

項)。

ただし，合同会社の社員の責任は，既に出資を全て履行しており，登記されることもないので，合同会社の債権者に対して責任を負うことはありません。

(9) 登記手続

清算については，業務執行社員が清算合同会社の清算人となったときは，解散の日から2週間以内に，その本店の所在地において，次の①〜③を登記する必要があります（会社928条2項）。

① 清算人の氏名又は名称及び住所
② 清算合同会社を代表する清算人の氏名又は名称（清算合同会社を代表しない清算人がある場合に限る）
③ 清算合同会社を代表する清算人が法人であるときは，清算人の職務を行うべき者の氏名及び住所

7 登記上の特徴

　合同会社においては，全員が有限責任社員であるため，出資された財産である資本金の額と業務執行社員の氏名又は名称が登記事項とされています（会社914条5号・6号）。

　しかし，合名会社においては，資本金は存在しますが，社員は会社債権者に対して直接無限責任を負うことから，資本金の額は登記されず，社員の氏名又は名称及び住所が登記事項とされています（会社912条5号）。

　さらに，合資会社においては，社員の氏名又は名称及び住所が登記事項であり（会社913条5号），資本金の額を登記事項としませんが，有限責任社員は，出資の未履行部分について会社債権者に対して直接責任を負う直接有限責任社員であり，その出資の目的，価額，既履行出資額を登記事項としています（会社913条7号）。

　なお，合名会社・合資会社・合同会社における共通の登記事項は，代表社員の氏名又は名称及び住所，代表社員が法人である場合には，その社員の職務を行うべき者の氏名及び住所です（会社912条6号・7号・913条8号・9号・914条7号・8号）。

第III章
合同会社と各種企業形態の比較

1 有限責任事業組合との比較

1 共通点

　有限責任事業組合は，合同会社と同様，柔軟な業務執行の決定（有責12条，会社590条）や出資比率に関係なく損益分配を自由に行うことができ（有責33条，会社622条），内部自治が徹底しています。また，信用及び労務の出資は認められません（有責11条，会社576条1項6号）。

　さらに，組合員が自己の職務を行うについて悪意又は重大な過失があったときは，第三者に生じた損害賠償責任を負い（有責18条1項，会社597条），清算手続は清算人による（有責39条・56条，会社646条）等の点で共通しています。

　これは，有限責任事業組合と合同会社においては，構成員全員が有限責任であり（有責15条，会社580条2項），内部関係についても組合的規律が適用され，業務執行機関を置く必要はないからです。

2 相違点

(1) 法人格の有無

　有限責任事業組合は，民法上の組合の特例であり法人格を有しません。したがって，取引先との契約の締結は，組合員の肩書付名義でなければ行うことはできません。不動産，動産，知的財産権等についても，組合員全員の合有財産として所有することになります。また，許認可を受ける場合にも，各組合員が

取得し，必要に応じて共同で手続を行うことになります。さらに，組合事業から生ずる損益は組合員に帰属し，利益を分配しないで内部留保することはできません。

これに対し，合同会社は，会社の類型であり法人格を有し，権利義務の帰属主体となり，許認可は合同会社を主体として取得し，利益を内部留保し再投資することができます。

(2) 業務執行

有限責任事業組合は，複数の組合員が必要であり，組合員が1人になった場合は解散します（有責37条2号）。さらに，組合員のうち1人以上は居住者又は内国法人でなければなりません（有責3条2項）。

また，租税回避行為により不当に債務を免れる目的で濫用されることを防止する観点から（有責3条3項），共同事業性の確保が要求され，組合の業務執行を決定するには，総組合員の同意によらなければなりませんが，一定の事項の決定については，組合契約書において総組合員の同意を要しない旨を定めることができます（有責12条1項・2項）。つまり，組合員全員が業務執行に携わらなければなりませんので（有責13条1項・2項），出資のみの組合員は認められません。

これに対して，合同会社においては，一人会社も認められ（会社641条4号），共同事業性は要求されません。また，定款により業務執行を決定する方法を自由に定めることができ，業務執行をせず出資のみをする社員も認められています。

(3) 監視義務

有限責任事業組合においては，他の組合員の業務執行の監督義務を負うものではありませんが，合同会社の社員は，他の業務執行社員の業務及び財産の状況を調査することができる監視権を有します（会社592条）。

(4) 純資産額規制

　合同会社には，債権者保護のための純資産額規制はありません。これに対して，有限責任事業組合は，組合財産を分配日における分配可能額（分配日における純資産額から300万円又は組合員の出資総額が300万円に満たない場合には出資総額を控除した額）を超えて分配することはできません（有責34条1項，有責施規37条）。

(5) 組織再編等

　有限責任事業組合は法人格を有しないため，合同会社や株式会社への組織変更やこれらの会社との間での組織再編行為は認められません。ただし，有限責任事業組合の事業を会社形態で行いたい場合には，有限責任事業組合を解散し，組合財産を出資して会社を設立することにより可能となります。

　これに対し，合同会社は，総社員の同意を得て，債権者保護手続を経ることにより株式会社に組織変更でき，将来の株式上場も可能です。なお，定款を変更して，他の種類の持分会社に変更することもできます。また，他の会社との間での組織再編行為（合併，会社分割，株式交換）が可能です。

(6) 解　散

　合同会社の解散事由（会社641条）は，
① 定款で定めた存続期間の満了
② 定款で定めた解散事由の発生
③ 総社員の同意
④ 社員が欠けたこと
⑤ 合同会社が消滅する合併
⑥ 破産手続開始の決定
⑦ 解散を命ずる判決

であるのに対し，有限責任事業組合の解散事由（有責37条）は，
① 目的たる事業の成功又はその成功の不能

② 組合員が1人になったこと
③ 組合契約の1人以上は，居住者又は内国法人でなければならない規定に違反したこと
④ 存続期間の満了
⑤ 総組合員の同意
⑥ 組合契約書に定めたその他の解散事由の発生

となります。

なお，有限責任事業組合は合同会社と異なり，組合の存続期間が組合契約書の絶対的記載事項であり（有責4条3項6号），永続的に存続するものではないので，存続期間の満了が組合の解散事由となります。ただし，有限責任事業組合の各組合員は，やむを得ない事由があるときは，組合に解散を請求する権利を有します（有責56条）。

(7) 登 記

有限責任事業組合においては，組合契約の効力発生の登記を行います（有責57条）。これに対して，合同会社は，その本店の所在地において設立の登記をすることにより成立します（会社579条）。つまり，有限責任事業組合は，合同会社のように事業組織体を登記するのではなく，組合契約を登記するという違いがあります。

また，有限責任事業組合の組合契約書の絶対的記載事項として組合の存続期間を記載しなければならず，存続の期限を定めておく必要があることから（有責4条3項6号），将来，解散することを前提としたものですが，合同会社においては，定款に存続期間を記載する必要はないので継続して存続することが可能です。

(8) 税 制

有限責任事業組合は，組合事業から生じた所得については法人として課税されず，その組合員の損益となって課税され（構成員課税），組合の事業に損失が

生じた場合には，租税回避防止の観点から出資額を上限として，組合員の他の所得と損益通算することができるというメリットがあります（所税69条）。

これに対し，合同会社は法人として課税され，損益通算の利点もなく，会社に対する法人課税と社員に対する配当課税という二重課税の問題があります。

有限責任事業組合との比較表

	有限責任事業組合	合同会社
社員の責任	有限責任	有限責任
信用出資・労務出資	なし	なし
組合的規律	あり	あり
法人格	なし	あり
権利義務の帰属主体	組合員全員	会社（法人）
共同事業性	あり	なし
存続期限	あり	なし
損益分配	あり	あり
純資産額規制	あり	なし
組織再編等	なし	あり
登記対象	組合契約	事業組織体
課税方法	構成員課税	法人課税

2 合名会社・合資会社との比較

1 共通点

　持分会社（合名会社・合資会社・合同会社）は，法人格を有し株式を発行せず，広く定款自治が認められ，同一の組合的規律が適用されます。また，発起設立のみが認められ，定款に対する公証人の認証は必要とせず簡素化されています。なお，合名会社や合資会社だけでなく合同会社も，出資比率に関係なく損益の分配を自由に行うことができ（会社622条），計算書類の決算公告義務はなく，税制は法人課税が適用されます。さらに，次のような共通点があります。

(1) 社　員

　持分会社の社員は，持分会社の業務を執行し（会社590条1項），社員が2人以上いる場合には，社員の過半数をもって持分会社の業務を決定します（会社590条2項）。ただし，広く定款自治が認められていることから，定款に別段の定めを設けることもできます。さらに，定款の変更については，定款に別段の定めがある場合を除き，原則として，総社員の同意が必要です（会社637条）。

　また，持分会社の社員は，人的結合が強く，会社の運営において社員の意思決定が重要になるため，他の社員全員の承諾がなければ，その持分の全部又は一部を他人に譲渡することはできません（会社585条1項）。ただし，業務を執行しない有限責任社員は，業務執行社員全員の承諾があるときは，その持分の全部又は一部を他人に譲渡することができます（会社585条2項）。

(2) 業務執行社員

業務執行社員を定款で定めた場合には，各社員は，持分会社の業務執行権を有しなくても，その業務及び財産の状況を調査することができます（会社592条1項）。

さらに，法人も，他の持分会社の業務執行社員になることができ，法人が業務執行社員である場合には，職務を行う自然人（職務執行者）を選任し，その者の氏名及び住所を他の社員に通知しなければなりません（会社598条1項）。

2 相違点

合名会社・合資会社と合同会社との違いは，無限責任社員がいるかどうかです。合同会社は，無限責任社員のいる合名会社・合資会社と同じ持分会社であると規定されていますが，社員全員が有限責任社員であり無限責任社員がいないため，「合同会社の計算等に関する特則」が設けられ，会社債権者は計算書類の閲覧又は謄写の請求をすることができ，資本金の額の減少や持分の払戻し及び組織変更並びに組織再編行為（合併，会社分割，株式交換）については債権者保護手続を要し，利益の配当や出資の払戻しには財源規制を設け，会社債権者保護が図られています。

(1) 出　資

合同会社においては，社員全員が有限責任社員であることに伴う会社債権者保護の観点から，設立登記をするときまでに，その出資に係る金銭の全額を払い込み，又はその出資に係る金銭以外の財産の全部を給付することが要求されています（全額払込主義）（会社578条）。これに対して，合名会社と合資会社は，その本店所在地において設立の登記をすることにより成立します（会社579条）。

なお，合名会社や合資会社の無限責任社員については，信用及び労務の出資をすることが認められていますが，合資会社と合同会社の有限責任社員については，金銭その他の財産の出資に限られます。

(2) 計　算

　持分会社は，利益配当に関する事項について，自由に定款で定めることができます（会社621条2項）。ただし，合同会社と合資会社が，利益の配当により有限責任社員に対して交付した金銭等の帳簿価額が，利益額を超える場合には，その利益の配当を受けた有限責任社員は，その会社に対し，連帯して，その配当額に相当する金銭を支払う義務を負います（会社623条1項）。

　なお，合名会社と合資会社の無限責任社員に対してはそのような制限はありません。これは，無限責任社員が会社債権者に対し無限責任を負うため，利益の配当を行う時点での債権者保護は必要ないからです。

　また，持分会社の社員は，計算書類の閲覧又は謄写の請求権を有しますが（会社618条1項），合同会社では，社員ばかりでなく債権者に対しても，作成した日から5年以内の計算書類に限り，閲覧又は謄写の請求権を認めています（会社625条）。

(3) 出資の払戻し

　合同会社の社員は，定款を変更してその出資の価額を減少する場合を除き，債権者保護の観点から，出資払戻請求をすることは認められません（会社632条1項）。ただし，定款を変更して出資の価額を減少する場合は，合同会社が，出資の払戻しにより社員に対して交付する出資払戻額が，剰余金額（出資の払戻しのために資本金の額を減少した場合においては，その減少後の剰余金額）又は定款変更による出資価額の減少額のいずれか少ない額を超える場合には，その出資の払戻しをすることはできず，合同会社は，出資払戻請求を拒むことが認められています（会社632条2項）。

　さらに，出資の払戻しの制限に違反して払戻しを行った場合には，合同会社に対し，出資の払戻しに関する業務を執行した社員は，出資の払戻しを受けた社員と連帯して，その出資払戻額に相当する金銭を支払う過失責任を負い（会社633条1項），剰余金額を限度として，総社員の同意がなければ，その責任を免除することはできません（会社633条2項，会計規192条3号ハ）。

なお，違法な出資の払戻しに関する業務を執行した社員が，出資払戻額をてん補した場合であっても，出資払戻額が剰余金額を超えることにつき善意である出資の払戻しを受けた社員は，業務執行社員からの求償の請求に応ずる義務はありません（会社634条1項）。しかし，合同会社の債権者は，出資の払戻しを受けた社員に対し，出資払戻額と債権額のいずれか少ない方に相当する金銭を支払わせることができます（会社634条2項）。

これに対し，合名会社と合資会社は，出資の払戻しに関する事項を定款で定めることができ（会社624条2項），社員は，会社に対し，既に出資として払込み又は給付をした金銭等の払戻し（出資の払戻し）を請求することが認められています。現物出資であるときは，その財産の価額に相当する金銭の払戻しを請求することができます（会社624条1項）。ただし，合資会社の直接有限責任社員が出資の払戻しを受けた場合には，会社債権者に対して直接責任を負う部分が増加することになります。

(4) 持分の払戻し

合同会社の有限責任社員が退社して持分の払戻しを受ける場合は，債権者を保護する必要があります。つまり，持分の払戻しを受ける額が剰余金額以下である場合には，債権者保護手続を経ずに払戻しを受けることができますが，剰余金額を超える場合には債権者保護手続が必要です（会社635条）。

一方，合名会社及び合資会社の社員が退社して持分の払戻しを受ける場合には，払戻しに対する制限はなく会社債権者保護手続も必要ありません。なお，退社した社員は，退社の登記をする前に生じた債務について，従前の責任の範囲内で弁済する責任を負います（会社612条1項）。ただし，退社の登記後2年以内に請求をしない債権者に対しては，その責任は登記後2年を経過したときに消滅します（会社612条2項）。

(5) 組織再編等

合併については，会社の種類を問わず自由に行うことができ，合併前及び合

併後の会社について何ら制限はありません。さらに，会社分割において，吸収分割会社又は新設分割会社になることができるのは，合同会社に限られ，合名会社及び合資会社は分割会社になることはできません（会社757条・762条）。ただし，吸収分割承継会社又は新設分割設立会社については制限がありません。

なお，株式交換においては，完全親会社になることができるのは，合同会社に限られ，合名会社及び合資会社については株式交換をすることはできません（会社767条）。さらに，持分会社は，株式移転が認められていません。

また，持分会社の組織変更については，株式会社と持分会社との間の組織変更は自由に認められていますが，持分会社から特例有限会社に組織変更することはできず，特例有限会社から持分会社に組織変更することだけが可能です。なお，持分会社間での会社の種類の変更は，組織変更ではなく，定款の変更となります。

(6) 清　算

無限責任社員のいる合名会社と合資会社は，任意清算と法定清算の両方の適用がありますが，合同会社は，法定清算のみが認められ，任意清算は認められません。

なお，任意清算とは，合名会社及び合資会社が，定款で定めた存続期間の満了，定款で定めた解散事由の発生，又は総社員の同意により解散した場合に，定款又は総社員の同意によって，その会社の財産の処分方法を定めることができ，清算人が選任されない清算手続です（会社668条1項）。

また，法定清算とは，会社が解散した場合（合併及び破産手続開始の決定の場合を除く），設立無効の判決が確定した場合，及び株式移転の無効の判決が確定した場合には，会社の法律関係の後始末をし，残余財産を株主に分配する清算手続をいいます（会社475条）。

この場合，清算の手続は清算人により法定の手続が行われます。

(7) 登　記

　合名会社は，会社債権者に対してその出資額にかかわらず無限の連帯責任を負う直接無限責任社員だけで構成されているので（会社 576 条 2 項・580 条 1 項），会社債権者にとっては社員の信用力が重視されることから，社員の氏名又は名称及び住所が登記事項となり（会社 912 条 5 号），資本金の額は登記事項となりません。

　合資会社においては，直接無限責任社員は，合名会社同様，社員の氏名又は名称及び住所が登記事項となり（会社 913 条 5 号），資本金の額は登記事項となりません。しかし，直接有限責任社員については，直接責任を負う範囲を明確にするため，有限責任社員の出資の目的及びその価額並びに既に履行した出資

合名会社・合資会社との比較表

	合名会社・合資会社	合同会社
社員の責任	無限責任社員が存在	有限責任社員のみ
信用出資・労務出資	あり	なし
組合的規律	あり	あり
法人格	あり	あり
公証人の認証	不要	不要
全額払込主義	なし	あり
法人業務執行社員	あり	あり
損益分配	あり	あり
決算公告義務	なし	なし
債権者の計算書類の閲覧謄写請求権	なし	あり
出資・持分の払戻し制限	なし	あり
債権者保護手続	なし	あり
任意清算	あり	なし
資本金の登記	なし	あり
課税方法	法人課税	法人課税

の価額を登記事項としています（会社913条7号）。

　合同会社は、会社に対しては出資義務を負うだけの間接有限責任社員だけで構成され（会社576条4項・580条2項）、その出資の全額を履行しない限り社員になれない全額払込主義をとっていることから（会社578条・604条3項）、出資された財産が重要となるため、資本金の額が登記事項となります（会社914条5号）。また、社員の氏名又は名称及び住所は登記事項とされず、業務執行社員の氏名又は名称が登記事項となっています（会社914条6号）。

　なお、全ての持分会社においては、代表社員は氏名又は名称及び住所が登記事項であり、代表社員が法人である場合には、その社員の職務を行うべき者の氏名及び住所が登記事項となります（会社912条6号・7号・913条8号・9号・914条7号・8号）。

　つまり、持分会社の登記事項は、目的、商号、本店及び支店の所在場所、存続期間又は解散事由及び公告方法についての定款の定めがあるときには、その定めに関する事項については共通しますが（会社912条・913条・914条）、社員の責任の差異によって違いが生じます。

3　合名会社・合資会社から合同会社への種類変更

(1) 社員の責任内容の変更に伴う規定

　合名会社は、無限責任社員の全部を有限責任社員とする定款変更の手続により、合資会社においては、無限責任社員の退社又は無限責任社員の全部を有限責任社員とする定款変更の手続により合同会社に種類変更されます。

　また、合名会社・合資会社には無限責任社員がいますが、合同会社には有限責任社員しかいないので、さまざまな会社債権者保護のための規定が設けられています。したがって、合名会社・合資会社が合同会社に種類変更する場合には、登記までに、その出資に係る金銭の全額を払い込み、又はその出資に係る金銭以外の財産の全部を給付する全額払込主義が要求され（会社578条・640条1項・2項）、信用出資や労務出資は認められません。

さらに、利益の配当や出資の払戻しは財源規制されることになり、違反した場合には支払義務が生じます。また、会社債権者は計算書類の閲覧又は謄写の請求をすることができ、資本金の額の減少や持分の払戻し及び組織変更並びに組織再編行為（合併、会社分割、株式交換）については債権者保護手続を必要としますが、計算書類の決算公告の義務はありません。

　なお、無限責任社員のいる合名会社と合資会社は、法定清算と任意清算のどちらでも適用されるのに対し、合同会社へ種類変更した場合には、法定清算のみが認められ、任意清算の適用はありません。

(2) 組織再編等

　持分会社から株式会社へ、株式会社から持分会社への変更は組織変更の方法によりますが、持分会社間の会社の種類の変更は、社員の責任の内容の変更であり、定款変更により行うことができます（会社638条）。

　また、合名会社・合資会社の組織変更や合併については合同会社に種類変更しても変化はありません。しかし、会社分割においては、吸収分割承継会社又は新設分割設立会社になることができることについては変わりありませんが、合同会社への種類変更により吸収分割会社又は新設分割会社になることができます。

　さらに、合名会社及び合資会社においては株式交換をすることはできませんが（会社767条）、合同会社への種類変更により株式交換において完全親会社になることはできます。なお、合名会社・合資会社・合同会社は、株式移転を行うことはできません。

(3) 登　記

　合名会社・合資会社が合同会社へ種類変更したときは、定款変更の効力が生じた日から2週間以内に、その本店の所在地において、種類の変更前の合名会社・合資会社については解散の登記をし、種類の変更後の合同会社については、設立の登記をしなければなりません（会社919条）。

ただし，解散の登記の申請と設立の登記の申請とは同時にしなければならず，いずれかの却下事由があるときは，登記官により，これらの申請は共に却下されます（商登106条）。

なお，直接無限責任社員と直接有限責任社員は間接有限責任社員に社員の責任の変更登記がされ，さらに，資本金の額が登記されることになります（会社914条5号）。

種類変更前後の比較表

	変更前	変更後
社員	直接無限責任社員 直接有限責任社員 （合資会社）	間接有限責任社員
全額払込主義	×	○
債権者保護手続	×	○
財源規則（利益配当・出資払戻し）	×	○
損益分配	○	○
決算公告	×	×
清算	○（法定清算） ○（任意清算）	○（法定清算） ×（任意清算）
種類変更	○	○
組織変更	○	○
合併	○	○
会社分割（分割会社）	×	○
株式交換	×	○（完全親会社） ×（完全子会社）
株式移転	×	×
登記（資本金の額）	×	○

3 特例有限会社との比較

1 共通点

　合同会社は，会社の内部的には組合的規律が適用され，対外的には有限責任という会社類型です。また，会社法では，有限会社が廃止され株式会社に統合されたことに伴い，その商号を変更することにより，有限会社から株式会社に種類変更することができますが（整備45条），整備法により「特例有限会社」として引き続き有限会社の商号を使用することもできます（整備2条1項・3条1項・2項）。

　合同会社と特例有限会社は，有限責任社員のみで構成され，法人格を有し，会社の規模による機関設計に関する規制はなく，取締役の任期規定もありません（整備18条）。また，社債を発行することができ，計算書類の決算公告義務もありません（整備28条）。

　さらに，取締役の任期規定がないので（整備18条），登記が最後にあった日から12年を経過した休眠会社は，本店所在地を管轄する登記所に事業を廃止しない旨の届出をするよう法務大臣が官報で公告した場合は，その日より2カ月以内にその届出又は登記をしないときは解散したものとみなす（会社472条1項），休眠会社のみなし解散の制度は適用されません（整備32条）。

　また，特例有限会社は，合同会社同様，清算手続が，清算人により法定の手続が行われる法定清算のみが認められています（会社475条・644条）。さらに，会社の財産がその債務を完済するに足りないときに，裁判所の監督のもとで行

われる特別清算によらず（会社510条・519条），清算人は，直ちに破産手続開始の申立てをしなければなりません（整備35条，会社656条）。

2 相違点

(1) 機関設計

　合同会社においては，定款自治が認められ制度設計が自由であることから，機関の設置に関する強制的な規制はありませんが，会計参与の設置は認められていません。

　これに対して，特例有限会社においては，株主総会と取締役は絶対的必要設置機関であり，任意設置機関は監査役だけです。したがって，取締役会，会計参与，監査役会，会計監査人又は委員会を置くことはできません（整備17条1項）。また，規模が大きくなっても会計監査人を置く必要はありません（整備17条2項）。なお，監査役の権限については，会計に関するものに限定され，定款にその旨の定めがあるものとみなされます（会計監査限定監査役）（整備24条）。

(2) 業務執行

　合同会社の業務執行や監視は全ての社員が行いますが（会社590条・592条），定款で業務執行社員を定めることもでき（会社591条），その業務執行社員の任期に関する規定はありません。また，法人が，合同会社の業務執行社員になることができ，法人が業務執行社員である場合には，職務を行う自然人（職務執行者）を選任し，その者の氏名及び住所を他の社員に通知する必要があります（会社598条1項）。

　これに対し，特例有限会社においては，法人が取締役になることはできません。また，特例有限会社の取締役の損害賠償責任については，総株主の同意があれば免除することができ（会社424条），責任免除規定の適用もありますが（会社425条），合同会社には責任免除規定はありません。しかし，広く定款自治に

委ねられていることから，個別の事項について定款に基づき判断されることになります。なお，特例有限会社は会社法上の株式会社であるから会社更生法が適用される（整備157条）のに対し，合同会社は適用されません。

(3) 株式・持分・新株予約権

　合同会社は株式を発行しないので株主名簿に相当するものがなく，社員の氏名・住所・出資の価額・持分の内容等は，定款により管理されますが（会社576条），特例有限会社の株主の管理は，株主名簿により行われます（整備8条，会社121条）。

　また，特例有限会社においては，金銭以外の財産の出資（現物出資）が行われた場合には，裁判所による検査役の調査を受けなければなりませんが（会社284条），合同会社では要求されません。

　合同会社の社員は，他の社員の全員の承諾がなければ，その持分の全部又は一部を他人に譲渡することはできません（会社585条1項）。ただし，業務を執行しない有限責任社員は，業務執行社員全員の承諾があるときは，その持分の全部又は一部を他人に譲渡することができます（会社585条2項）。これに対し，特例有限会社の株式を譲渡しようとする場合には，株主総会の承認決議が必要となります（会社139条1項）。

　合同会社の社員の加入は，その社員に係る定款の変更の効力を生じたときです（会社604条1項・2項）。ただし，合同会社は，全額払込主義が採用され，新たに社員となる者が，出資の全額を履行したときに社員となります（会社604条3項）。他方，合同会社は，定款に定めがない場合には，総社員の同意が必要ですが，その要件について定款で定めれば，その手続は簡素です。

　これに対し，特例有限会社は，株主となろうとする者は，募集株式の募集手続により，株主総会の特別決議を経て募集株式の申込みや引受けなど厳格な手続が定められています（会社199条以下）。なお，特例有限会社は，新株予約権の制度が認められていますが（会社238条以下），合同会社には新株予約権の制度に関する規定はありません。

(4) 計　算

　合同会社の社員は，合同会社に対し，いつでも利益の配当を請求することができ（会社621条1項），合同会社は，利益の配当に関する事項について，自由に定款で定めることができます（会社621条2項）。また，純資産額が300万円を下回る場合の純資産額規制は設けられていません。なお，合同会社における利益の配当と出資の払戻しは，それぞれ別々の財源規制が課されています。さらに，出資比率に関係なく損益の分配を自由に行うことができます（会社622条）。

　これに対し，特例有限会社は，株式会社同様，株主総会の決議により分配可能額の範囲内で年に何回でも剰余金の分配を行うことができ（会社453条・454条1項），最低資本金制度を採用しておらず，会社債権者保護の観点から純資産額が300万円を下回る場合には分配することができません（会社458条）。

(5) 組織再編等

　合同会社は，株式移転を除く組織再編行為が可能ですが，株式交換に際して，完全子会社となることはできません。これに対して，特例有限会社は，吸収合併存続会社又は吸収分割承継会社となることはできず（整備37条），株式交換及び株式移転も行うことはできません（整備38条）。

　また，特例有限会社は，持分会社へ組織変更することができます（会社734条）。しかし，一旦，特例有限会社でなくなると，二度と特例有限会社に戻ることはできません。

(6) 登　記

　合同会社は，持分に関する定めの登記は必要としないし，出資口数の概念もありませんが，業務執行社員の氏名又は名称及び代表社員の氏名又は名称及び住所，代表社員が法人である場合には，その社員の職務を行うべき者の氏名及び住所など合同会社に関する基本事項を登記し公示しなければなりません（会社914条）。

合同会社と特例有限会社の登記事項は，目的，商号，本店及び支店の所在場所，存続期間又は解散事由についての定款の定めがあるときには，その定め，資本金の額，公告方法についての定款の定めがあるときには，その定め，清算人等に関する事項については共通しますが，発行可能株式総数，単元株式数，発行株式の数及び種類，新株予約権等の株式に関する事項及び取締役や監査役など役員等に関する事項は，特例有限会社だけの登記事項です（会社911条3項・914条）。

特例有限会社との比較表

	特例有限会社	合同会社
社員の責任	有限責任	有限責任
法人格	あり	あり
機関設計の制限	あり	なし （会計参与のみ設置不可）
法人業務執行社員 （法人取締役）	なし	あり
役員の任期	なし	なし
株式発行	あり	なし
損益分配	なし	あり
決算公告義務	なし	なし
純資産額規制	あり	なし
休眠会社のみなし解散制度	なし	なし
特別清算	なし	なし
会社更生法の適用	あり	なし

3　特例有限会社から合同会社への組織変更

会社法では，有限会社が廃止され株式会社に統合されました。ただし，有限

会社は特例有限会社に移行することにより定款の変更や登記手続は必要ありません。なお，特例有限会社は，商号変更により株式会社に種類変更することが通常ですが，出資者が有限責任社員である合同会社に組織変更することも可能です。

(1) 機関設計

特例有限会社と合同会社は，会社の規模による機関設計に関する規制はありません。しかし，合同会社においては，会計参与の設置は認められていませんが，機関の設置は任意で制度設計が自由であり，機関設置に関する強制的な規制はありません。

これに対して，特例有限会社は，株主総会と取締役は必置機関であり，任意に設置できる機関は監査役だけであり，取締役会，会計参与，監査役会，会計監査人又は委員会を置くことはできません（整備17条1項）。また，規模が大きくなっても会計監査人を置く必要はありません（整備17条2項）。したがって，特例有限会社から合同会社へ組織変更する場合には，機関設計に対する制限は緩和されることになります。

(2) 組織再編

合同会社においては，株式移転は認められていませんが，他の組織再編行為は可能です。ただし，株式交換に際して，完全子会社となることはできませんが，株式会社の発行済株式総数を取得する完全親会社になることはできます。

これに対して，特例有限会社は，存続会社となるような吸収合併又は承継会社となるような吸収分割はできません（整備37条）。さらに，株式交換及び株式移転も行うことはできません（整備38条）。したがって，特例有限会社は，合同会社に組織変更することにより組織再編の選択肢が拡大することになります。

(3) 登 記

　特例有限会社が合同会社へ組織変更したときは，合同会社は，出資口数に関する概念がないので，特例有限会社の登記事項である発行可能株式総数，単元株式数，発行株式の数及び種類，新株予約権等の株式に関する事項及び取締役や監査役など役員に関する事項，役員等の会社に対する責任の免除方法などは登記事項ではなくなりますが，業務執行社員の氏名又は名称，代表社員の氏名又は名称及び住所，代表社員が法人である場合には，その社員の職務を行うべき者の氏名及び住所などは登記事項となります（会社911条3項・914条）。

　なお，特例有限会社から合同会社への組織変更の効力が生じた日から2週間以内に，その本店所在地において，組織変更前の特例有限会社については解散の登記をし，組織変更後の合同会社については設立の登記をしなければなりません（会社920条）。

組織変更前後の比較表

	変更前	変更後
機関設計の制限	○	× （会計参与のみ設置不可）
損益分配	×	○
吸収合併（存続会社）	×	○
吸収分割（承継会社）	×	○
株式交換	×	○（完全親会社） ×（完全子会社）
株式移転	×	×
登記（株式に関する事項）	○	×
登記（役員等に関する事項）	○	×
登記（業務執行社員・代表社員）	×	○

4 株式会社との比較

1 共通点

　合同会社は，株式会社同様，間接有限責任社員のみで構成され（会社104条・580条），労務出資・信用出資は認められず（会社576条1項6号），法人格を有し（会社3条），一人会社が認められます。また，計算書類の作成及び保存の義務（会社435条・617条），会社債権者による閲覧・謄写請求権（会社442条・625条），債権者保護手続（会社449条・627条）もほぼ同様の規定になっています。

　なお，合同会社と非公開会社（全株式譲渡制限会社）においては，出資価額にかかわらず，株主ごとに異なる取扱いを行う旨を定款で定めることができる（会社109条2項・621条2項）などの点が共通します。

2 相違点

　合同会社は，株式会社のように，会社の利害関係者を保護するための法規制は強くなく，社員の対外的な有限責任を確保し，内部的には人的信頼関係に基づく閉鎖的経営を行うことができ，制度設計を自由に設定することにより事業活動の円滑化を図ることができる会社類型となっています。

（1）設立手続

　合同会社は，原始定款を作成しなければなりませんが，公証人の認証は不要

であり，株式会社より設立が容易で設立費用も少なくて済みます。一方，株式会社は，公証人による定款の認証が必要であり（会社30条1項），現物出資や財産引受けを定款に定めた場合には，公証人の定款の認証後遅滞なく，裁判所に対し検査役の選任を申し立て，検査役の調査を受ける必要があります（会社33条）。

さらに，株式会社成立時における取締役の財産価格填補責任が規定されていますが（会社52条1項），合同会社においては，これらについての規定はありません。

なお，合同会社の設立費用は，登録免許税6万円，定款の印紙税4万円の合計10万円で済むというメリットがあるのに対し，株式会社の設立費用は，法務局へ支払う登録免許税15万円，公証人役場に支払う定款認証料5万円，定款に貼付する印紙税4万円で合計24万円が最低限必要となります。合同会社も定款を作成する必要はあるのですが，合同会社の定款認証料が必要ないのは，公証人の認証が必要ないため認証料を支払わなくてもよいという理由からです。

(2) 機関設計

合同会社では，会計参与の設置は認められていませんが，機関設計は定款により自由に定めることができ，機関設置に関する強制的な規制はありません。これに対し，株式会社においては，株主総会と取締役は絶対的必要設置機関であり（会社326条1項），大会社になると会計監査人の設置が義務付けられます（会社328条）。

(3) 業務執行

合同会社においては，社員間の合意による意思決定により自ら業務を執行することも（会社590条），定款で定めた業務執行社員に委任することもできます（会社591条）。さらに，法人を業務執行社員とすることも可能です（会社598条）。

また，合同会社においては，広く定款自治が認められているので，業務執行社員の会社に対する責任の減免については，個別に定款に基づいて判断することになります。

これに対し、株式会社においては、法人が取締役になることはできません。また、株式会社の役員等の損害賠償責任の減免については、厳格に規定されています（会社424条〜427条）。

(4) 計 算

株式会社は、計算書類の決算公告を義務付けられていますが（会社440条1項）、合同会社には義務付けられていません。なお、非公開中小会社であっても全ての株式会社は、定時株主総会の終結後遅滞なく、貸借対照表（大会社においては、貸借対照表及び損益計算書）の決算公告が義務付けられていますが（会社440条1項）、官報又は日刊新聞紙に掲載する株式会社においては、貸借対照表の要旨を公告すればよいことになっています（会社440条2項）。

ただし、株式会社は、定時株主総会の終結後遅滞なく、貸借対照表の内容を、定時株主総会の終結日から5年間、継続して電磁的方法により不特定多数の者に提供すれば公告義務はありません（会社440条3項）。なお、決算公告を怠った場合には、100万円以下の過料が科されます（会社976条1項）。

また、合同会社においては、株式会社と異なり、配当の対象は剰余金ではなく利益であり、剰余金があっても、株式会社の純資産額が300万円を下回る場合には、剰余金を配当できないとする純資産額規制（会社458条）は設けられていません。さらに、出資比率に関係なく損益の分配を自由に行うことができます（会社622条）。

(5) 株式・持分の譲渡・払戻し

合同会社においては、社員間の関係は、人的結合が強く重大な利害関係を有するので、持分の譲渡は、定款の定めがなければ、他の社員全員の承認が必要です（会社585条）。

また、合同会社の社員は、定款により一定の制限はありますが、やむを得ない事情があるときは、いつでも退社することができます（会社606条）。この場合、剰余金額を超える持分の払戻額であっても、債権者保護手続を行っていれ

ば持分を払い戻すことができますが（会社635条），株式会社においては，このような規定はありません。

これに対し，株式会社においては，株主の個性は重要視されないので，原則として株式の譲渡は自由ですが（会社127条），発行する株式の全部又は一部が譲渡制限株式である会社においては，定款により，譲渡制限株式の譲渡につき，株主総会又は取締役会の承認を必要とする旨を定めることができます（会社108条1項4号・139条）。

ただし，譲渡制限株式の譲渡者又は取得者には，譲渡制限株式の譲渡が承認されなかった場合は，株式会社又は指定買取人に対する株式買取請求権が認められています（会社138条1号ハ・2号ハ・140条）。

(6) 組織再編

合同会社においては，株式移転は認められていませんが，他の組織再編行為は認められています。ただし，株式交換に際して，完全子会社となることはできませんが，株式会社の発行済株式の総数を取得する完全親会社になることはできます。他方，株式会社は，全ての組織再編行為が認められています。

(7) 解散・清算

合同会社においては，取締役の任期の規定がないので，休眠会社のみなし解散制度は適用されませんが（会社472条），株式会社においては適用が認められています。

さらに，合同会社の解散事由として，総社員の同意による解散や社員が欠けたことが規定されていますが（会社641条3号・4号），株式会社においては，株主総会の特別決議による解散が認められていること（会社471条3号）が異なり，そのほかの解散事由は共通します。

また，合同会社は，株式会社同様，法定清算しか認められていませんが（会社475条・644条），特別清算の規定の適用はなく破産手続によることになります（会社656条）。これに対して，株式会社は，特別清算の規定の適用が認めら

れています（会社519条・574条）。

(8) 登　記

　合同会社に関する登記事項は，業務執行社員の氏名又は名称，代表社員の氏名又は名称及び住所，代表社員が法人であるときは，その社員の職務を行うべき者の氏名及び住所です（会社914条）。

　これに対して，株式会社だけの登記事項は，発行可能株式総数，単元株式数，発行株式の数及び種類，新株予約権等の株式に関する事項及び取締役会設置会社・会計参与設置会社・監査役会設置会社・会計監査人設置会社・委員会設置会社であるときは，その旨，特別取締役による議決の定めがあるときは，その旨，取締役が社外取締役であるときは，その旨，代表取締役の氏名及び住所，代表取締役以外の取締役や監査役の氏名です（会社911条3項）。

　なお，目的，商号，本店及び支店の所在場所，存続期間又は解散事由につい

株式会社との比較表

	株式会社	合同会社
社員の責任	間接有限責任	間接有限責任
信用出資・労務出資	なし	なし
法人格	あり	あり
公証人の認証	必要	不要
法人業務執行社員（法人取締役）	なし	あり
株式発行	あり	なし
損益分配	なし	あり
決算公告義務	あり	なし
純資産額規制	あり	なし
組織再編等の制限	なし	あり
休眠会社のみなし解散制度	あり	なし
特別清算	あり	なし

ての定款の定めがあるときは，その定め，資本金の額，公告方法についての定款の定めがあるときは，その定め，清算人等に関する事項については，合同会社と株式会社に共通する登記事項です（会社911条3項・914条）。

3 株式会社から合同会社への組織変更

(1) 機関設計

合同会社には，会計参与の設置は認められていませんが，機関設計に関する規制は一切ないので，社員間の合意で業務執行を行います（会社590条）。しかし，業務執行社員を選任することもできます（会社591条）。さらに，合同会社においては，株式会社では認められていない法人業務執行社員を置くこともできます（会社598条1項）。

これに対し，株式会社は，小規模であっても，所有と経営の分離を前提としていることから，株主総会と取締役を設置しなければなりません（会社326条1項）。

また，合同会社においては，大会社になっても会計監査人の設置義務は生じません。これに対し，株式会社は大会社になると，会計監査人の設置は強制され（会社328条），それに伴い，監査役の設置も義務付けられることになります（会社327条3項）。したがって，株式会社が合同会社に組織変更することにより，機関設計の制限は緩和されます。

(2) 社員（株主）の権利

合同会社の内部規律は組合的要素を取り入れ，広く契約自由の原則が認められ，社員の権利内容について強行規定は存在せず，定款自治が認められています。

これに対し，公開会社の株主の権利内容は，株主平等の原則が強行規定として適用されます。ただし，非公開会社では，合同会社同様，株主の権利につき株主ごとに異なる取扱いを行う旨を定款で定めることができます（会社109条2項）。

その旨の定款の定めがある場合には、株主保護の観点から、その定めに係る株主を権利内容の異なる種類株式を有する種類株主とみなし（会社109条3項）、保有株式数にかかわらず1人1議決権や株主全員同額配当とすることができます。

しかし、公開会社は、非公開会社になるより合同会社に組織変更した方が、他の規制も緩和されることになります。

（3）計　算

合同会社においては、配当の対象は株式会社と異なり剰余金ではなく利益であり、剰余金があっても、株式会社の純資産額が300万円を下回る場合には、剰余金を配当できないとする純資産額規制（会社458条）は設けられていません。さらに、出資比率に関係なく損益の分配を自由に行うことができます（会社622条）。

また、株式会社は、計算書類の決算公告を義務付けられていますが（会社440条1項）、合同会社には義務はありません。したがって、計算に関する規定においても、合同会社は、株式会社より制限が緩和されています。

（4）組織再編

合同会社は、株式交換に際して、完全子会社となることはできません。しかし、株式会社の発行済株式総数を取得する完全親会社になることはできます。なお、株式移転は認められていませんが、他の組織再編行為は可能です。これに対し、株式会社は、全ての組織再編行為が可能です。

したがって、合同会社へ株式会社が組織変更したときは、組織再編行為（株式交換・株式移転）は制限されることになります。

（5）登　記

株式会社が合同会社へ組織変更したときは、株式会社の登記事項である発行可能株式総数、単元株式数、発行株式の数及び種類、新株予約権等の株式に関する事項及び取締役会設置会社・会計参与設置会社・監査役会設置会社・会計

監査人設置会社・委員会設置会社であるときは，その旨，特別取締役による議決の定めがあるときは，その旨，取締役が社外取締役であるときは，その旨，代表取締役の氏名及び住所，代表取締役以外の取締役や監査役の氏名は，登記事項でなくなりますが（会社911条3項），合同会社の登記事項である業務執行社員の氏名又は名称，代表社員の氏名又は名称及び住所，代表社員が法人である場合には，その社員の職務を行うべき者の氏名及び住所は，登記事項となります（会社914条）。

なお，株式会社から合同会社への組織変更の効力が生じた日から2週間以内に，その本店所在地において，組織変更前の株式会社については解散の登記をし，組織変更後の合同会社については設立の登記をしなければなりません（会社920条，商登76条）。

組織変更前後の比較表

	変更前	変更後
機関設計の制限	○	×（会計参与のみ設置不可）
業務執行社員・法人業務執行社員	×	○
定款自治	×（非公開会社を除く）	○
配当の対象	剰余金	利益
損益分配	×	○
純資産額規制	○	×
決算公告	○	×
株式交換	○	○（完全親会社） ×（完全子会社）
株式移転	○	×
登記（株式に関する事項）	○	×
登記（役員等に関する事項）	○	×
登記（業務執行社員）	×	○

4　合同会社から株式会社への組織変更

　合同会社は，株式会社と比べ，設立手続が容易で設立費用も少なくて済み，機関設計や業務執行社員に関する規制は定款自治が認められていて，自由で制限が緩和されています。会計参与は設置できませんが，監査役の設置も任意であり，会計監査人の監査や計算書類の公告の義務付けもありません。

　したがって，合同会社が株式会社に組織変更したときは，機関設計や役員の任期が制限されること，決算公告の義務があることなど規制が強化されることになります。

　しかし，事業の拡大に伴い，広く資金調達をする必要がある場合には，合同会社から株式会社へ組織変更する必要があります。さらに，株式譲渡は原則自由となりますが，定款で譲渡制限を定めることもできます。なお，全ての組織再編行為は柔軟に行うことができることになります。

　また，合同会社が株式会社へ組織変更したときは，株式会社に関する登記事項である発行可能株式総数，単元株式数，発行株式の数及び種類，新株予約権等の株式に関する事項及び取締役会設置会社・会計参与設置会社・監査役会設置会社・会計監査人設置会社・委員会設置会社であるときは，その旨，特別取締役による議決の定めがあるときは，その旨，取締役が社外取締役であるときは，その旨，代表取締役の氏名及び住所，代表取締役以外の取締役や監査役の氏名は，登記しなければなりません（会社911条3項）。

　一方，合同会社に関する登記事項である業務執行社員の氏名又は名称，代表社員の氏名又は名称及び住所，代表社員が法人である場合には，その社員の職務を行うべき者の氏名及び住所は，登記する必要はなくなります（会社914条）。

　なお，合同会社から株式会社への組織変更の効力が生じた日から2週間以内に，その本店所在地において，組織変更前の合同会社については解散の登記をし，組織変更後の株式会社については設立の登記をしなければなりません（会社920条）。

5 比較検討

　有限責任事業組合は、構成員課税の適用と300万円の純資産額規制が規定されていることは評価できますが、法人格がなく、共同事業性が義務付けられ、存続期間が限定されるなど合同会社に比べ柔軟性に欠け、不都合な点があることは否めません。

　また、合名会社や合資会社が、有限責任社員のみから構成される合同会社へ種類変更する場合、無限責任社員は有限責任社員となり社員の責任は軽減され、組織再編行為も制限が緩和されますが、会社債権者保護に関する規制は強化されます。

　さらに、合同会社から合名会社や合資会社への種類変更をした場合には、無限責任社員が置かれることになるので、信用出資や労務出資が可能で任意清算も認められ、会社債権者保護に関する規制は必要なくなりますが、組織再編行為は制限され、責任の重い無限責任社員が必要とされます。

　また、合同会社は、会計参与を設置することができませんが、監査役の設置は任意であり、会計監査人の設置や計算書類の公告の義務付けがないことは、特例有限会社同様、会社債権者保護の観点から問題のある会社であるといわざるを得ません。しかし、合同会社は、特例有限会社より定款自治による柔軟性があり自由度が高い会社形態といえます。

　さらに、合同会社は、有限責任制度をとり、株式会社に比べて広く定款自治が認められ、機関設計も自由に定めることができます。したがって、迅速な意思決定が可能であり、会社を柔軟に運営することができ、コストも低くて済みます。

また，合同会社は，個人の専門的知識やノウハウなどの人的資産を有効に活用した企業や，法人によるジョイント・ベンチャーとしても利用することができる画期的な会社であるといえます。特に，自由な会社運営を行うことができることから，親会社が経営上の重要な意思決定や法的手続を行い，合同会社は子会社として，本来の事業運営に特化することができます。

　一方，数社が共同で，合同会社を設立し，利益目標や目的等の条件を満たす限り，出資会社の影響を排除し，自由に事業活動を行うこともできます。しかし，事業の拡大に伴い，広く資金調達をする必要がある場合には，合同会社から株式会社へ組織変更する必要があります。合同会社の活用方法はさまざまですが，他の会社形態より柔軟性があり，設立が容易で，規制も緩和された会社形態であるといえます。

各種企業形態を合同会社と比較した場合の長所・短所

	長所	短所
有限責任事業組合	構成員課税	存続期間限定
合名会社・合資会社	信用出資・労務出資 任意清算が可能	無限責任社員（責任が重い） 組織再編行為の制限
特例有限会社	会社更生法適用	機関設計の制限 組織再編行為の制限
株式会社	事業拡大 資金調達 組織再編行為が自由	設立手続が複雑で高コスト 機関設計の制限 取締役の重任登記費用必要

第Ⅳ章
合同会社の税制

1 法人課税の特徴

　合同会社は普通法人として，課税所得及び法人税額の計算並びにその手続について法人税法の適用を受けます（法税2条3号・4条1項）。このことから合同会社は株式会社と同様に，各事業年度終了の日の翌日から2月以内に，確定した決算に基づいて法人税の確定申告書を提出しなければなりません（法税74条1項）。

　法人税の確定申告書を提出する際には，その事業年度の決算報告書を添付しなければなりません（法税規35条）。その際に，株式会社の場合には株主資本等変動計算書を添付しますが，合同会社の場合には社員資本等変動計算書を添付することになります。なお，合同会社では，事業報告書及び附属明細書については作成する必要はありません（会社617条2項，会計規71条1項2号）。

　合同会社が作成すべき損益計算書については，合同会社としての具体的な規定があるわけでなく，株式会社と同様の規定によります（会計規87～94条）。ただし，合同会社が作成すべき貸借対照表については，純資産の部の区分において，株式会社の貸借対照表とその表示が異なります（資料1を参照）。合同会社の貸借対照表の純資産の部については，（イ）資本金，（ロ）出資申込証拠金，（ハ）資本剰余金，（ニ）利益剰余金，（ホ）評価・換算差額等の項目に区分しなければなりません（会計規76条1項3号・3項）。また株式会社の場合と異なり，資本剰余金については資本準備金とその他資本剰余金とに，また利益剰余金については利益準備金とその他利益剰余金とに区分する必要はありません（会計規76条4項・5項）。

　合同会社が作成する社員資本等変動計算書（資料2を参照）については，（イ）

資本金，(ロ) 資本剰余金，(ハ) 利益剰余金，(ニ) 評価・換算差額等に区分して表示することになっており，株式会社が作成する株主資本等変動計算書に比べて簡素化されています（会計規96条2項3号・3項3号）。

合同会社が作成する個別注記表については，(イ) 重要な会計方針に係る事項に関する注記，(ロ) 会計方針の変更に関する注記，(ハ) 表示方法の変更に関する注記，(ニ) 誤謬の訂正に関する注記以外の注記については表示を義務付けておらず，この点においても株式会社の場合と異なっています（会計規98条1項・2項5号）。

なお，作成した決算報告書については，その作成の時から10年間保存しなければなりません（会社617条4項）。

(資料1) 合同会社の純資産の部の記載例

【社員資本】	【○○○】・・・①
資本金	○○○ ・・・②
資本剰余金	○○○ ・・・③
利益剰余金	○○○ ・・・④
【評価・換算差額等】	【○○○】・・・⑤
その他有価証券評価差額金	○○○ ・・・⑥
純　資　産　合　計	○○○ ・・・⑦

上記①～⑦の金額は，次頁（資料2）社員資本等変動計算書の①～⑦の金額と一致します。

(資料2) 社員資本等変動計算書の記載例

	社員資本				評価・換算差額等		純資産合計
	資本金	資本剰余金	利益剰余金	社員資本合計	その他有価証券評価差額金	評価・換算差額等合計	
当期首残高							
当期変動額							
出資の払込み							
出資の払戻し							
持分の払戻し							
利益の配当							
当期純利益							
社員資本以外の項目の当期変動額（純額）							
当期変動額合計							
当期末残高	②	③	④	①	⑥	⑤	⑦

1 法人課税の特徴

（資料3）法人税別表一（一）

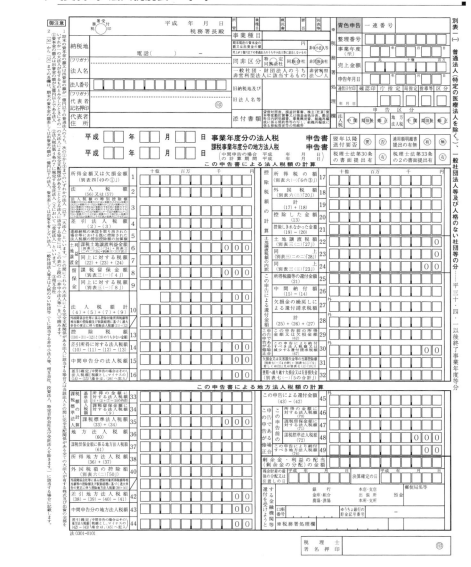

2 社員に対する課税

1 役員給与に係る課税

(1) 損金に算入される給与

合同会社の業務執行社員については法人税法で定める役員に該当します（法税2条15号，法税令7条1号・71条1項3号）。また，合同会社の業務執行社員は使用人兼務役員となることができません（法税34条6項・法税令71条1項3号）。このことから，合同会社の業務執行社員に支給する給与については，その全額が役員給与として取り扱われることになります。

つまり，合同会社が業務執行社員に対して支給する給与については，定期同額給与，事前確定届出給与又は利益連動給与のいずれにも該当しないものについては，その法人の損金の額に算入されません（法税34条1項）。ただし，これらのいずれに該当する給与であっても，不相当に高額な部分の金額については損金の額に算入されません（法税34条2項）。

（ⅰ）定期同額給与

定期同額給与とは，法人が役員に支給する給与のうち次に掲げるものをいいます（法税34条1項1号，法税令69条1項・2項）。

① その支給時期が1月以下の一定の期間ごとである給与（以下「定期給与」という）で，その事業年度の各支給時期における支給額が同額であるもの。また，定期給与の各支給時期における支給額から源泉所得税額，住民税額，社会保険料等を控除した金額が同額である場合には，各支給時期にお

ける支給額は同額であるものとみなします。
② 定期給与で，次に掲げる改定（「給与改定」という）がされた場合におけるその事業年度開始の日，給与改定前の最後の支給時期の翌日から給与改定後の最初の支給時期の前日又はその事業年度終了の日までの間の各支給時期における支給額が同額であるもの

イ その事業年度開始の日の属する会計期間開始の日から３月を経過する日までに継続して毎年所定の時期にされる定期給与の額の改定。ただし，その３月を経過する日後にされることについて特別の事情があると認められる場合にはその改定の時期にされたもの。なお，確定申告書の提出期限の延長の特例の指定を受けている場合には，指定月数に２を加えた月の経過日が改定期限となります。

ロ その事業年度においてその法人の役員の職制上の地位の変更，その役員の職務の内容の重大な変更その他これらに類するやむを得ない事情（「臨時改定事由」という）によりされたその役員に係る定期給与の額の改定（イに該当するものを除く）

ハ その事業年度においてその法人の経営状況が著しく悪化したことその他これに類する理由（「業績悪化改定事由」という）によりされた定期給与の額の改定（その定期給与の額を減額した改定に限り，イ，ロに該当するものを除く）

③ 継続的に供与される経済的な利益のうち，その供与される利益の額が毎月おおむね一定であるもの

(ⅱ) 事前確定届出給与

事前確定届出給与とは，その役員の職務につき所定の時期に，確定した額の金銭又は確定した数の株式（出資を含みます）若しくは新株予約権又は確定した額の金銭債権に係る特定譲渡制限付株式若しくは特定新株予約権を交付する旨の定めに基づいて支給する給与（定期同額給与及び業績連動給与を除く）で，一定の要件を満たしているものをいいます。このうち，合同会社の場合においては，確定した額の金銭を交付する旨の定めに基づいて給付する給与で，以下の

届出期限までに納税地の所轄税務署長に交付する旨の届出をしているものに限られると考えられます。なお，非同族会社が非常勤役員に金銭で支給する場合には届出が不要です（法税34条1項2号，法税令69条3～5項，法税規22条の3第1項・2項）。

① 原　則

　事前確定届出給与に関する定めをした場合は，原則として，次のイ又はロのうちいずれか早い日（新設法人がその役員のその設立の時に開始する職務についてその定めをした場合にはその設立の日以後2月を経過する日）

　　イ　株主総会，社員総会又はこれらに準ずるもの（以下「株主総会等」という）の決議によりその定めをした場合におけるその決議をした日（その決議をした日が職務の執行を開始する日後である場合にはその開始する日）から1月を経過する日

　　ロ　その会計期間開始の日から4月を経過する日

② 臨時改定事由により定めをした場合

　臨時改定事由によりその臨時改定事由に係る役員の職務について事前確定届出給与に関する定めをした場合（その役員のその臨時改定事由が生ずる直前の職務について事前確定届出給与に関する定めがある場合を除く）は，次に掲げる日のうちいずれか遅い日

　　イ　上記①イ又はロのうちいずれか早い日（新設法人にあっては，その設立の日以後2月を経過する日）

　　ロ　臨時改定事由が生じた日から1月を経過する日

③ 事前確定届出給与に関する定めを変更する場合

　すでに上記①又は②の届出をしている法人が，その届出をした事前確定届出給与に関する定めの内容を変更する場合において，その変更が次に掲げる事由に基因するものであるときのその変更後の定めの内容に関する届出の届出期限は，次に掲げる事由の区分に応じてそれぞれ次に掲げる日

　　イ　臨時改定事由

　　　その事由が生じた日から1月を経過する日

ロ　業績悪化改定事由（給与の額を減額する場合に限る[(1)]）

　その事由によりその定めの内容の変更に関する株主総会等の決議をした日から1月を経過する日（変更前の直前の届出に係る定めに基づく給与の支給の日が1月を経過する日前にある場合には，その支給の日の前日）

(iii) 業績連動給与

　業績連動給与とは，同族会社でない法人が業務執行役員に対して支給する給与（金銭以外の資産が交付される場合には，適格株式又は適格新株予約権が交付されるものに限ります）で，次①～③までの全ての要件を満たすもの（他の業務執行役員の全てに対して次の要件を満たす業績連動給与を支給する場合に限ります）をいいます（法税34条1項3号，法税令69条9～19項，法税規22条の3第3項）。ただし，業績連動給与を支給している合同会社は極めて少ないものと考えられます。

①　交付される金銭の額，株式，新株予約権の数又は交付される新株予約権の数のうち無償で取得され，若しくは消滅する数の算定方法が，その給与に係る職務執行期間開始日以後に終了する事業年度の利益に関する指標等を基礎とした客観的なもので，次の要件を満たすものであること

　イ　確定額を限度としているものであり，かつ，他の業務執行役員に対して支給する業績連動給与に係る算定方法と同様のものであること。

　ロ　職務執行期間開始日の属する会計期間開始日の日から3月（確定申告書の提出期限の延長の特例の指定を受けている場合には指定月数に2を加えた月数）を経過する日までに，一定の報酬委員会が決定していることその他これに準ずる一定の適正な手続を経ていること。

　ハ　その内容が上記ロの決定または手続終了の日以後遅滞なく有価証券報告書に記載されていることその他一定の方法により開示されていること。

②　次の給与の区分に応じ，それぞれ次の要件を満たすこと

　イ　下記ロ以外

---

(1) 株式会社の場合には，給与の額を減額する場合に加えて，交付する株式又は新株予約権の数を減少させるものであるときに限ります。

次の区分に応じそれぞれ次に定める日（同一の職務執行期間に次の2以上の給与が合わせて支給される場合には，次に定める日のうち最も遅い日）までに交付され，又は交付される見込みであること。
（a）金銭による給与
　　その金銭の額の算定の基礎とした業績連動指標の数値が確定した日の翌日から1月を経過する日
（b）株式又は新株予約権による給与
　　その株式又は新株予約権の数の算定の基礎とした業績連動指標の数値が確定した日の翌日から2月を経過する日
ロ　特定新株予約権又は承継新株予約権による給与で，無償で取得され，又は消滅する新株予約権の数が役務の提供期間以外の事由により変動するもの
　　上記①ロの手続終了日の翌日から1月を経過する日までに交付されること。
③　損金経理をしていること（給与の見込額として損金経理により引当金勘定に繰り入れた金額を取り崩す方法により経理していることを含みます）。

(2) 不相当に高額部分の判定

「不相当に高額」であるかどうかについては，実質基準及び形式基準に従ってその判定が行われます。それぞれの基準によって算定した金額のうち，いずれか多い金額を不相当に高額な部分の金額であるとして損金に算入しないこととなります（法税令70条1項）。

実質基準とは，個々の役員に対して支給した給与の額が，その職務内容，その法人の収益及びその使用人に対する給与の支給状況，事業規模が類似する同業他社の役員給与の支給状況等に照らして，相当であると認められる金額を超える場合の，その超える部分の金額をいいます。

形式基準とは，定款の規定又は株主総会，社員総会若しくはこれらに準ずるものの決議により，役員に対する給与の支給限度額等を定めている場合に，そ

の事業年度に各役員に対する給与の支給合計額がその限度額を超えるときの，その超える部分の金額をいいます。

　合同会社では，社員総会の開催が義務付けられておらず，定款において役員の報酬を定めることも必要とされていません。したがって，役員報酬の決定に際して合同会社が形式基準を採用する場合には，その決議事項を記載した書面の作成が必要になると考えられます。

(3) 法人社員に支給する給与

　合同会社では，法人が業務執行社員になることが可能です（会社598条1項）。したがって，合同会社の社員である法人についても法人税法上の役員に含まれます（法基通9-2-2）。当然に，この法人社員に対して支給する給与についても，法人税法の役員給与に関する各規程が適用されることになります。

　ただし，合同会社が法人社員に対して支給する給与については所得税の源泉徴収義務を生じない点において，個人社員に対して支給する給与とは異なります（所税6条・183条1項・212条3項）。また，法人社員に対して支給する給与については，国内において事業者が事業として対価を得て行われる資産の譲渡及び貸付け並びに役務の提供には該当しないことから，消費税の課税対象とはならないものと解されます（消税2条1項8号・4条）。

2　社員の加入に係る課税

　合同会社において社員を追加する場合には次の2つの方法があります。1つは，社員になる者が合同会社へ出資を払い込むことにより社員になる方法です。もう1つは，社員となる者が既存の社員からその持分を譲り受けることにより社員となる方法です。いずれの場合も課税上の問題を生じる可能性があるので注意が必要となってきます。

(1) 出資の払込みによる場合

(ⅰ) 合同会社の処理

① 税務処理

金銭の払込みによる増資については資本等取引に該当します。したがって，新たに社員となる者からの出資の払込み関しては，合同会社において損益が発生することはありません。

また，株式会社が増資をする場合には，株主となる者がその株式会社に対して払込み又は給付をした財産の額のうち2分の1以上を資本金として計上しなければなりません（会社445条1項）が，合同会社にはこのような規定はありません。したがって，合同会社が増資により払込み又は給付を受けた財産については，合同会社が資本金の額に計上するものと定めた額が増加することになります（会計規30条1項）。

なお，増資があった場合のその資本金の増加日については，金銭の払込み又は金銭以外の財産の給付の期日を定めたときにはその期日，払込み又は給付の期間を定めたときには，その払込み又は給付をした日になります（法基通1-5-1）。

仕訳と申告書の記載例

【出資金の払込み時】

（借方）現　預　金　　×××　（貸方）出資金申込証拠金　　×××

【払込期日】

（借方）出資金申込証拠金　×××　（貸方）資　本　金　　×××

【法人税申告書の記載例】

別表五（一）利益積立金額及び資本金等の額の計算に関する明細書

区　分	期首現在資本金等の額	当期の増減		差引翌期首現在資本金等の額
		減	増	
Ⅱ　資本金等の額の計算に関する明細書				
資本金又は出資金	×××		×××	×××
資　本　準　備　金				
差　引　合　計　額	×××		×××	×××

② 手　続

　出資の払込みにより合同会社の資本金の額が増加した場合には，遅滞なく税務署，都道府県税事務所及び市町村に対して，資本金額の異動届出書を提出しなければなりません。

第Ⅳ章 合同会社の税制

（ⅱ）社員の処理

　出資の払込みにより社員が加入する場合には注意が必要です。その出資の払込金額が時価によるものであれば，基本的に課税関係が生じる余地はありません。

　しかし，その払込みの前後で社員間の持分割合に変動が生じ，かつ，その払込金額が時価と異なる金額によるものである場合には経済的利益が発生し，社員間における課税関係が生じることになります。

①　法人が社員になる場合

　法人が合同会社の社員となる場合に，その出資の持分の取得価額が既存社員の出資の持分の時価より有利な価額によるものであるときには，その出資の持分については払込期日における時価により取得したものとされます（法税令119条1項4号）。したがって，実際に払込みをした金額と時価との差額については，その取得の時に受贈益として認識されることになります。

　有利な価額であるかどうかの判定については，その新たな持分の価額決定日の現況におけるその合同会社の出資の時価と比べて，社会通念上相当と認められる価額を下回る価額をいうものとします。なお，社会通念上相当と認められる価額とは，持分の取得のために払い込んだ金額とその合同会社の出資の時価との差額がその出資の時価のおおむね10％相当額以下であるかどうかにより判定します（法基通2-3-7）。

仕訳と申告書の記載例（事例）

　合同会社A社において，この度新たにB株式会社をA社の業務執行社員に追加することになりました。新たな持分の取得のためにB株式会社が払い込むべき金額は100万円（出資の口数は1口）とし，その時価は150万円であるものとします。この場合におけるB株式会社の会計処理は以下のようになります。

　（借方）有　価　証　券　　1,000,000　（貸方）現　　預　　金　　1,000,000

【申告書調整】

別表四　所得の金額に関する明細書

区分		総額	留保	社外流出
加算	受贈益	500,000	500,000	
減算				

別表五（一）利益積立金額及び資本金等の額の計算に関する明細書

I　利益積立金額の計算に関する明細書					
区分	期首現在利益積立金額	当期の増減		差引翌期首現在利益積立金額
		減	増	
利益準備金				
資本金等の額				
有価証券			500,000	500,000

　なお，出資金の払込み時の時価をもってその出資の取得価額とする場合には，上記の申告調整は不要となります。この場合の仕訳は以下のように記載します。

　　（借方）有　価　証　券　1,500,000　（貸方）現　　預　　金　1,000,000
　　　　　　　　　　　　　　　　　　　　　　　　受　　贈　　益　　　500,000

② 　個人が社員になる場合

　イ　原則

　　　個人が合同会社の社員となる場合において，その出資の払込みが社会通念上相当と認められる価額を下回る価額により行われた場合には，前述の法人の場合と同様に，その個人に対して利益の供与があったものとして課税されます。

　　　具体的には，払込価額と時価との差額を一時所得として所得税が課税されることになります。ただし，その出資をする者がその合同会社の使

用人であり，その地位又は職務等に関連して支給されるべき給与，賞与又は退職手当に代えて社員となる権利を与えられたと認められる場合には，その時価との差額について給与所得又は退職所得として課税されます（所基通23〜35共-6）。

なお，法人の場合と同様に社会通念上相当と認められる価額とは，持分の取得のために払い込んだ金額とその合同会社の出資の時価との差額がその出資の時価のおおむね10％相当額以下であるかどうかにより判定します（所基通23〜35共-7）。

ロ　社員となる者が親族等である場合

同族会社である合同会社において，その合同会社の社員となる者が既に社員である者の親族その他特別の関係がある者（以下「親族等」という）の場合には，相続税法の規定が優先され贈与税が課税されます（相基通9-4）。

ただし，合同会社が同族会社であっても，社員となる者がこれらの親族等でない場合には，上記①の原則により所得税が課税されることになります。

なお，ここにいう特別の関係がある者とは次の（a）又は（b）の者をいいます（相税令31条）。

(a) 株主又は社員と婚姻の届出をしていないが事実上婚姻関係と同様の事情にある者及びその者の親族でその者と生計を一にしているもの
(b) 株主又は社員たる個人の使用人及び使用人以外の者でその個人から受ける金銭その他の財産によって生計を維持しているもの並びにこれらの者の親族でこれらの者と生計を一にしているもの

同族会社（法税2条10号）

同族会社とは，会社の株主等（その会社が自己の株式又は出資を有する場合のその会社を除く）の3人以下並びにこれらと特殊の関係のある個人及び法人がその会社の発行済株式又は出資（その会社が有する自己の株式

> 又は出資を除く）の総数又は総額の100分の50を超える数又は金額の株式又は出資を有する場合におけるその会社をいいます。

合同会社では自己の出資の保有ができないことから，上記文中の（　）の文章についての適用はありません（会社587条）。

同族関係者の範囲（法税令4条）

> （1）特殊の関係のある個人とは，次に掲げる者をいいます。
> 　①　社員の親族
> 　②　社員と婚姻の届出をしていないが事実上婚姻関係と同様の事情にある者
> 　③　個人社員の使用人
> 　④　前三号に掲げる者以外の者で個人社員から受ける金銭その他の資産によって生計を維持しているもの
> 　⑤　前三号に掲げる者と生計を一にするこれらの者の親族
> （2）特殊の関係のある法人は，次に掲げる会社をいいます。
> 　①　同族会社であるかどうかを判定しようとする会社の株主等（その会社が自己の株式又は出資を有する場合のその会社を除きます。以下「判定会社株主等」という）の1人（個人である判定会社株主等については，その1人及び上記（1）①～⑤の者。以下同じ）が有する他の会社の株式の総数（又は出資の金額）の合計額がその他の会社の発行済株式の総数（又は出資金額。その有する自己の株式又は出資を除く。以下同じ）の100分の50を超える数の株式（又は出資の金額）に相当する場合におけるその他の会社
> 　②　判定会社株主等の1人及びこれと上記（2）①に規定する会社が有する他の会社の株式の総数（又は出資の金額の合計額）がその他の会社の発行済株式の総数（又出資金額）の100分の50を超える数の株

式（又は出資の金額）に相当する場合におけるその他の会社
③ 判定会社株主等の1人及び上記（2）①②に規定する会社が有する他の会社の株式の総数（又は出資の金額）の合計額がその他の会社の発行済株式の総数（又は出資金額）の100分の50を超える数の株式（又は出資の金額）に相当する場合におけるその他の会社
3 同一の個人又は法人（人格のない社団等を含む。以下同じ）と上記（2）①～③に規定する特殊の関係のある2以上の会社が判定会社株主等である場合には，その2以上の会社は，相互に特殊の関係のある会社であるものとみなします。

(2) 持分の譲渡による場合

　合同会社において社員を追加する場合のもう1つの方法として，既存の社員（以下「旧社員」という）がその出資の持分を社員となる者（以下「新社員」という）に譲渡する方法があります。この場合の譲渡価額についても注意が必要となってきます。

　その譲渡価額が時価によるものであれば，基本的に課税関係が生じる余地はありません。しかし，その譲渡価額が時価より低い価額であったり，又は時価より高い価額であったりする場合には，その取引きをした当事者間において経済的利益が発生し課税上の問題を生じることになります。

　なお，この場合に課税関係が生じるのはあくまでも出資の持分の取引きをした当事者であり，その出資の発行法人である合同会社においては何ら課税関係が生じることはありません。

（ⅰ）低額譲渡

　旧社員から新社員へ時価より低い価額により出資の持分の譲渡が行われた場合には，旧社員から新社員へ経済的利益の供与があったものとして取り扱われます。この場合において，その取引価額と時価の差額につき，下記の区分に応じいずれかの課税関係を生じます。

① (旧社員) 個人 → (新社員) 個人

　旧社員から新社員へ時価との差額に相当する金額につき贈与があったものとみなして，新社員に対して贈与税が課税されます（相税7条）。この場合の譲渡時の時価については，相続税評価額に基づき算出した金額が基準となります。

　また，旧社員については，実際の取引価額を収入金額として，その対象となった出資の取得価額との差額につき所得税が課されます。なお，この場合に譲渡損を生じたときには，その譲渡損はなかったものとみなします（所税59条2項）。

② (旧社員) 法人 → (新社員) 法人

　時価により譲渡があったものとして譲渡価額を計算します。したがって旧社員については，その対象となった出資の帳簿価額とその譲渡時の時価との差額につき譲渡益を認識して法人税が課税されます。さらに，その譲渡時の時価と譲渡価額の差額については，寄附金として処理されます（法税37条8項）。

　また，新社員については旧社員から出資を取得した価額とその取得時の時価との差額につき受贈益を生じたものとして法人税が課税されることになります（法税22条2項）。

　なお，この場合の譲渡時の時価については，法人税法の規定に基づき算出した金額が基準となります。

③ (旧社員) 個人 → (新社員) 法人

　譲渡価額が時価の2分の1未満の場合には，時価により譲渡したものとみなして譲渡価額を計算します（所税59条1項2号，所税令169条）。したがって，旧社員については，その対象となった出資の取得価額とその譲渡時の時価との差額につき所得税が課税されます。

　また，新社員については旧社員から出資を取得した価額とその取得時の時価との差額につき受贈益を生じたものとして法人税が課税されることになります（法税22条2項）。

なお，この場合の譲渡時の時価の算定方法については，個人である旧社員については所得税法の規定に基づき，法人である新社員については法人税法の規定に基づき算定されるものと考えられます。

④ （旧社員）法人→（新社員）個人

時価により譲渡があったものとして譲渡価額を計算します。したがって旧社員については，その対象となった出資の帳簿価額とその譲渡時の時価との差額につき譲渡益を認識して法人税が課税されます。さらに，その譲渡時の時価と譲渡価額の差額については，寄附金又は給与として処理されます（法税37条8項，法基通9-2-9(2)）。

また，新社員については旧社員から出資を取得した価額とその取得時の時価との差額につき経済的利益を認識することになり，一時所得又は給与所得として所得税が課税されることになります（所税28条・34条，相税21条の3第1項）。

なお，この場合の譲渡時の時価の算定方法については，法人である旧社員については法人税法の規定に基づき，個人である新社員については所得税法の規定に基づき算定されるものと考えられます。

低額譲渡の場合の課税関係

取引形態	旧社員（売主）	新社員（買主）
個人→個人	所得税（譲渡所得）	贈与税
法人→法人	法人税（譲渡益・寄附金）	法人税（受贈益）
個人→法人	所得税（みなし譲渡）	法人税（受贈益）
法人→個人	法人税（譲渡益・給与）	所得税（給与所得・一時所得）

(ⅱ) 高額譲渡

旧社員から新社員へ時価より高い価額により出資の持分の譲り渡しが行われた場合には，新社員から旧社員へ経済的利益の供与があったものとして取り扱われます。この場合において，その取引価額と時価の差額につき，下記の区分に応じいずれかの課税関係を生じます。

① （旧社員）個人・（新社員）個人

　新社員から旧社員へ時価との差額に相当する金額につき贈与があったものとみなして，旧社員に対して贈与税が課税されます（相税7条）。一方，新社員については何ら課税関係が生じることはありません。

　なお，この場合の譲渡時の時価については，相続税評価額に基づき算出した金額が基準となります。

② （旧社員）法人→（新社員）法人

　時価により譲渡があったものとして譲渡価額を計算します。したがって，旧社員については，譲渡価額のうちその譲渡時の時価を超える部分の金額については，受贈益を生じたものとして法人税が課税されることになります（法税22条2項）。

　また，新社員についてはその出資の取得価額についてはその取得時の時価により計上します（法税令119条1項27号）。さらに，その取得時の時価と取得価額の差額については，寄附金として処理します（法税37条8項）。

　なお，この場合の譲渡時の時価については，法人税法の規定に基づき算出した金額が基準となります。

③ （旧社員）個人→（新社員）法人

　時価により譲渡があったものとして譲渡価額を計算します。したがって，旧社員については，譲渡価額のうちその譲渡時の時価を超える部分の金額については，一時所得又は給与所得して所得税が課税されます（所税28条・34条，相税21条の3第1項）。

　また，新社員についてはその出資の取得価額についてはその取得時の時価により計上します（法税令119条1項27号）。さらに，その取得時の時価と取得価額の差額については，寄附金又は給与として処理します（法税37条8項，法基通9-2-9(3)）。

　なお，この場合の譲渡時の時価の算定方法については，個人である旧社員については所得税法の規定に基づき，法人である新社員については法人税法の規定に基づき算定されるものと考えられます。

④ (旧社員)法人→(新社員)個人

時価により譲渡があったものとして譲渡価額を計算します。したがって，旧社員については，譲渡価額のうちその譲渡時の時価を超える部分の金額については，受贈益を生じたものとして法人税が課税されることになります（法税22条2項）。一方，新社員については何ら課税関係が生じることはありません。

なお，この場合の譲渡時の時価の算定方法については，法人である旧社員については法人税法の規定に基づき，個人である新社員については所得税法の規定に基づき算定されるものと考えられます。

高額譲渡の場合の課税関係

取引形態	旧社員（売主）	新社員（買主）
個人→個人	贈与税	課税関係なし
法人→法人	法人税（受贈益）	寄附金
個人→法人	所得税（給与所得・一時所得）	法人税（寄附金・給与）
法人→個人	法人税（受贈益）	課税関係なし

(3) 各税法に規定する時価

出資の払込みや持分の譲渡が行われる場合において，その払込価額や譲渡価額が時価であれば問題ありません。しかし，時価と異なる価額により出資の払込みや持分の譲渡が行われた場合には，旧社員と新社員の間において何らかの経済的利益が生じます。したがって，時価とは何であるかということが非常に重要となってきます。

(ⅰ) 相続税法

贈与税が課される場合の合同会社の出資の時価については，取引相場のない株式の評価に準じて計算することとされています（財基通194）。

取引相場のない株式の評価については，原則的評価方式と特例的評価方式があり，評価の対象となる出資者が同族株主のいる会社の同族株主か否かによ

り，どちらの評価方法を採用するか決定します。

　ちなみに同族株主とは，課税時期における評価会社の株主のうち，株主の1人及びその同族関係者の有する議決権の合計数がその会社の議決権総数の30％以上（その評価会社の株主のうち，株主の1人及びその同族関係者の有する議決権の合計数が最も多いグループの有する議決権の合計数が，その会社の議決権総数の50％超である会社にあっては，50％超）である場合におけるその株主及びその同族関係者をいいます（財基通188第1項）。

　同族株主が取得した出資については原則的評価方式により評価することになります。まず，評価の対象となる株式の発行会社（一般に「評価会社」という）の規模に応じて，大会社，中会社，小会社に区分し，その規模に応じて評価方式を定めます（財基通178）。

　具体的には，評価会社の規模に応じて，類似業種比準価額方式，純資産価額方式，又は類似業種比準価額方式と純資産価額方式の折衷方式によって評価します。大会社の株式については，類似業種比準価額方式が原則的評価方式となり，選択が可能な評価方式として純資産価額方式によることができます。中会社の株式は折衷方式により評価します。小会社の株式は，純資産価額方式が原則的評価方式となり，選択が可能な評価方式として折衷方式によることができます（財基通179）。

　一方，同族株主以外の株主が取得した株式については，例外的な評価方式である配当還元方式によって評価します。この場合，配当還元方式による評価額が上記の原則的評価方式による評価額を超えるときは，原則的評価方式による価額とします（財基通188-2）。

　なお，実務上はいずれの方法により計算する場合であっても，評価明細書を用いて行うことになります。

(ⅱ) 法人税法

　法人税では，合同会社の出資の時価評価に関する直接的な規定はなく，上場有価証券等以外の株式の価額として法人税基本通達に定めがなされているだけです。なお一般的に，上場有価証券等以外の株式と取引相場のない株式とは同

義語であると考えられています。この通達において上場有価証券等以外の株式については，次の順でその価額の判定を行うこととしています（法基通9-1-13）。

① 売買実例のあるものについては，その事業年度終了の日前6カ月間において売買の行われたもののうち適正と認められるものの価額となる。
② 売買実例がなく，公開途上にある株式の場合には，公募又は売出しの価格等を参酌して通常取引されると認められる価額となる。
③ 売買実例がなく，株式評価の対象となる法人と事業の種類，規模，収益の状況等が類似する他の法人の株式の価額があるものについては，その価額に比準して推定した価額とする。
④ ①から③までに該当しない場合には，その株式の発行法人の事業年度終了の時における1株当たりの純資産価額等を参酌して通常取引されると認められる価額となる。

合同会社の出資の持分については，上記の①〜③の価額がないことがほとんどですので，その多くについては④の価額になると考えられます。なお，④により時価を計算する場合において，法人税基本通達9-1-14には，次の方法によることもできると規定しています。

なお，この規定は「上場有価証券等以外の株式の価額の特例」として位置付けられており，その特例の適用要件として，課税上弊害がない限り，財産評価基本通達178から189-7までに規定する取引相場のない株式の評価の例によって算定した価額によっても良いとしています。ただし，財産評価基本通達と全く同一の評価方法は認められておらず，次の3点の留保条件が付されています。

① 法人が株式の発行会社にとって財産評価基本通達に定める「中心的な同族株主」に該当するときは，その発行会社は常に「小会社」に該当するものとして評価することとされている。なお「中心的な同族株主」とは，同族株主の1人並びにその株主の配偶者，直系血族，兄弟姉妹及び1親等の姻族（関係法人を含む）の有する株式の合計数が25％以上である場合におけるその株主をいう（財基通188）。

② 株式の発行会社が土地，土地の上に存する権利又は上場有価証券を有しているときは，財産評価基本通達に定める１株当たりの純資産価額の計算に当たり，これらの資産については相続税評価額に代えて市場価格によることとされている。

③ 財産評価基本通達に定める１株当たりの純資産価額の計算に当たり，同通達に規定するいわゆる「評価差額に対する法人税額等に相当する金額」を控除しないこととしている。

(ⅲ) 所得税法

　所得税における合同会社の出資の評価に関する定めについては，株式等を取得する権利の価額として所得税基本通達23〜35共-9（4）に定めがあります。なお，株式等には合同会社の出資の持分を含むことについても規定されています（所税224条の3第2項2号）。このほかにも，所得税法59条1項のいわゆる「みなし譲渡課税」が行われる場合についての取扱いとして同通達59-6の定めがあります。この通達において取引相場のない株式については，次の順でその価額の判定を行うこととしています。

① 売買実例のあるものについては，最近において売買の行われたもののうち適正と認められる価額とする。

② 売買実例がなく，公開途上にある株式の場合には，公募又は売出しの価格等を参酌して通常取引されると認められる価額となる。

③ 売買実例がなく，株式評価の対象となる法人と事業の種類，規模，収益の状況等が類似する他の法人の株式の価額があるものについては，その価額に比準して推定した価額とする。

④ ①から③までに該当しない場合には，権利行使日等又は権利行使日等に最も近い日における１株当たり又は１口当たりの純資産価額等を参酌して通常取引されると認められる価額となる。

　これらの規定は，法人税の規定とほぼ同様な定めとなっていますが，次の２つの点で異なっています。

① 法人税基本通達が同規定の適用条件として「課税上弊害がない限り」と

しているのに対して，所得税基本通達においては「原則として」と規定されている。
② 売買事例があるものについては，法人税基本通達が「当該事業年度終了の日前6カ月間」と限定しているのに対し，所得税基本通達においては「最近において」と抽象的な表現に留まっている。

また，所得税においても法人税と同様に財産評価基本通達を援用する規定が設けられていますが，その援用にあたっては次の4つの留保条件を付しています。
① 財産評価基本通達に定める「同族株主」に該当するかどうかは，株式を譲渡又は贈与した個人のその譲渡又は贈与直前の議決権の数により判定すること
② 株式の価額につき財産評価基本通達に定める取引相場のない株式の評価方法を援用する場合において，株式を譲渡又は贈与した個人がその株式の発行会社にとって「中心的な同族株主」に該当するときは，その発行会社は常に「小会社」に該当するものとすること
③ 株式の発行会社が土地，土地の上に存する権利又は上場有価証券を有しているときは，財産評価基本通達に定める1株当たりの純資産価額の計算に当たり，これらの資産については，相続税評価額に代えて，その譲渡又は贈与の時における価額によること
④ 財産評価基本通達に定める1株当たりの純資産価額の計算に当たり，同通達に規定するいわゆる「評価差額に対する法人税額等に相当する金額」を控除しないこと

このように，所得税に定める取引相場のない株式の評価に関する規定は，法人税とほぼ同様の定めとなっていますが，上記留保条件の①についてはそれぞれ異なった取扱いをしています。具体的には，財産評価基本通達に定める同族株主の判定において，財産評価基本通達及び法人税基本通達が，それらの株式の取得後又は譲渡直後の議決権の数により判定するのに対し，所得税基本通達では譲渡又は贈与前において判定することとしています。

株式の時価に関する各税法の比較表

	相続税	法人税	所得税
会社の判定	会社の事業規模の大小に応じ，大会社・中会社・小会社に区分	買主が中心的な同族株主に該当する場合には，常に小会社	売主が中心的な同族株主に該当する場合には，常に小会社
同族株主の判定	取得後の保有株式数により判定	取得後の保有株式数により判定	譲渡前の保有株式数により判定
土地・上場有価証券の評価	相続税評価額	取引時の相場（時価）	取引時の相場（時価）
評価差額に対する法人税等	控除する	控除しない	控除しない
規定	財基通178〜189-1	法基通9-1-13, 9-1-14	所基通23〜25 共-9(4), 59-6

2 社員に対する課税

第1表の1　評価上の株主の判定及び会社規模の判定の明細書

（取引相場のない株式（出資）の評価明細書）

（平成三十年一月一日以降用）

整理番号	

会社名	（電話　　　　）	本店の所在地	
代表者氏名		取扱品目及び製造、卸売、小売等の区分	業種目番号	取引金額の構成比
課税時期	年　月　日	事業内容			％
直前期	自　年　月　日　至　年　月　日				

1．株主及び評価方式の判定

判定要素（課税時期現在の株式等の所有状況）	氏名又は名称	続柄	会社における役職名	①株式数（株式の種類）	ⓑ議決権数	ⓒ議決権割合（ⓑ/④）
		納税義務者		株	個	％
	自己株式					
	納税義務者の属する同族関係者グループの議決権の合計数			②	⑤	（②/④）
	筆頭株主グループの議決権の合計数			③	⑥	（③/④）
	評価会社の発行済株式又は議決権の総数			①	④	100

判定基準：納税義務者の属する同族関係者グループの議決権割合（⑤の割合）を基として、区分します。

区分基準	筆頭株主グループの議決権割合（⑥の割合）			株主の区分
	50％超の場合	30％以上50％以下の場合	30％未満の場合	
⑤の割合	50％超	30％以上	15％以上	同族株主等
	50％未満	30％未満	15％未満	同族株主等以外の株主

判定	同族株主等（原則的評価方式等）	同族株主等以外の株主（配当還元方式）

「同族株主等」に該当する納税義務者のうち、議決権割合（ⓒの割合）が5％未満の者の評価方式は、「2．少数株式所有者の評価方式の判定」欄により判定します。

2．少数株式所有者の評価方式の判定

	項目	判定内容
判定要素	氏名	
	㋑役員	である〔原則的評価方式等〕・でない（次の㋺へ）
	㋺納税義務者が中心的な同族株主	である〔原則的評価方式等〕・でない（次の㋩へ）
	㋩納税義務者以外に中心的な同族株主（又は株主）	がいる（配当還元方式）・がいない〔原則的評価方式等〕（氏名　　　　）
判定	原則的評価方式等　・　配当還元方式	

3 資本に関する課税

1 損益の分配に係る課税

(1) 会計上の留意点

損益の分配とは，合同会社の各社員に対し，その合同会社の利益又は損失の持分の分配をすることをいい，その社員に現金その他の資産を交付する利益の配当とは異なります。

合同会社は，損益の分配の割合については自由に定款に定めることができますが，定款の定めがない場合には，各社員の出資の価額に応じて定めることになります（会社622条1項）。

なお，利益又は損失の一方についてのみ分配の割合の定めを定款で定めたときは，その割合は，利益及び損失の分配に共通であるものと推定します（会社622条2項）。

(2) 税務上の留意点

合同会社においてその社員に利益が分配された場合には，その分配された利益については各社員の所得と通算されることはなく，その合同会社の課税所得として法人税が課されることとなります。

一方，損失が分配された場合には，会社法においてその社員に追出資の義務を要請する規定はありませんので，その合同会社が青色申告書を提出しているときには，法人税における青色欠損金の繰越控除又は青色欠損金の繰戻し還付

の適用を受けることになります。

　合同会社の損益の分配については有限責任事業組合と比較されることがありますが、その課税関係については取扱いが異なります。有限責任事業組合は、合同会社と同様に、構成員の全員が有限責任であり、その内部関係については組合的規律が適用され、柔軟な業務執行の決定や出資比率によらない損益の分配を行うことができます。

　しかし、有限責任事業組合は民法上の組合の特例であり、法人格を有しないことから、法人税の納税義務者とはなりません（法税4条）。有限責任事業組合では、その組合事業から生じた損益については、パススルー課税によりその組合員へ配分され、その組合員の出資額を上限として、他の所得と損益通算することになります（所税69条、法基通14-1-1）。

　なお、損失の分配によってその合同会社の資本剰余金の額が減少し、利益剰余金の額が増加する場合には、別表五（一）において資本金等の額及び利益積立金額の調整処理が生ずることになります。また、その損失の分配に合理性が認められず、かつ、社員間に何らかの経済的利益の移転が見られる場合には、贈与税を課される可能性が生ずることについても留意しなければなりません（相税9条）。

(3) 会計処理と申告調整

　合同会社が資本剰余金の額を減少させて利益剰余金の額を増加させた場合には、具体的な会計処理及び税務処理については次のようになります。なお、下記については、資本剰余金の額を100減少させて同額の利益剰余金の額を増加させた事例です。

会社計算上の処理

（借方）資 本 剰 余 金　　　100　（貸方）利 益 剰 余 金　　　100

第Ⅳ章　合同会社の税制

税法上の処理

　法人税では資本と利益を混同することは許されていません。したがって，会社計算上で行った資本剰余金を減少させて利益剰余金の額を増加させた処理については，法人税法上それを打ち消す処理を行います。

　　（借方）利益積立金額　　　　100　（貸方）資本金等の額　　　　100
なお，法人税の申告書では次のように記載することになります。

　別表五（一）利益積立金額及び資本金等の額の計算に関する明細書

Ⅰ 利益積立金額の計算に関する明細書			
区　分	期首現在利益積立金額	当期の増減	差引翌期首現在利益積立金額
		減　　　増	
利　益　準　備　金			
資　本　金　等　の　額		△100	△100
繰　越　損　益　金			

Ⅱ 資本金等の額の計算に関する明細書			
区　分	期首現在資本金等の額	当期の増減	差引翌期首現在資本金等の額
		減　　　増	
資本金又は出資金	×××		×××
資　本　準　備　金			
利　益　積　立　金　額		100	100
差　引　合　計　額			

2 利益の配当に係る課税

(1) 会計上の留意点

　利益の配当とは，社員へ分配された損益についてその社員へ払い戻す手続をいいます。合同会社の社員はその合同会社に対して，利益の配当を請求することができます（会社621条1項）。

　株式会社が剰余金の配当をしようとするときは，その都度，株主総会の決議が必要になります（会社454条1項）が，合同会社の場合には，利益の配当を請求する方法その他の利益の配当に関する事項については，自由に定款で定めることができます（会社621条2項）。

　合同会社では，利益の配当により社員に対して交付する金銭等の帳簿価額が，その利益の配当をする日における利益額を超える場合には，その利益の配当をすることができません。この場合には，社員から利益の配当の請求があったとしても，合同会社はその請求を拒むことができます（会社628条）。

　なお，この場合の利益額とは，次の①と②のいずれか少ない額をいいます（会計規163条）。

① 利益の配当をした日における合同会社の利益剰余金の額
② 請求をした社員に対して既に分配された利益の額からその社員に対して既に分配された損失の額及び既に交付された利益の配当額との合計額を減じて得た額

　なお，合同会社が利益の配当により有限責任社員に対して交付した配当額（金銭等の帳簿価額）が，その利益配当の日における利益額を超える場合には，その利益の配当を受けた有限責任社員は，その合同会社に対して連帯して，その配当額に相当する金銭を支払う義務を負います（会社623条1項）。ただし，その業務を執行した社員が，その職務を行うことについて注意を怠らなかったことを証明した場合には，その義務を免れます（会社629条1項）。

　また，総社員の同意がある場合にはその支払義務を免除することができますが，その場合においても，利益の配当をした日における利益剰余金の額を超え

る部分については，免除することができません（会社629条2項，会計規163条）。

(2) 税務上の留意点

合同会社から利益の配当を受けた社員が法人である場合には，その受取配当金については益金として法人税の課税所得となります。さらに，出資の割合に応じて，受取配当等の益金不算入の規定の適用を受けることになります。

また，利益の配当を受けた社員が個人である場合には，その受取配当金は原則として総合課税又は申告分離課税として所得税の確定申告の対象となりますが，申告分離課税を選択できるのは上場株式等に係る配当に限られるので，合同会社の場合には，総合課税により計算することになります（租特8の4）。また，総合課税の対象とした配当所得については配当控除の適用を受けることになります。なお，1回に支払を受ける配当金額が，10万円に配当計算期間の月数を乗じて12で除して計算した金額以下である場合には確定申告を要しません（租特8の5）。

3　減資による欠損てん補

(1) 会計上の留意点

合同会社は損失のてん補のために，その資本金の額を減少することができます（会社620条）。この場合において，損失のてん補に充てるために減少させることができる資本金の額については，損失の額として次の方法により算定される額のうちいずれか少ない額を超えることができません（会計規162条）。

① 零から資本金の額を減少する日における資本剰余金の額及び利益剰余金の額の合計額を減じて得た額（その額がマイナスであるときは，零）

② 資本金の額を減少する日における資本金の額

つまり，資本金の額を減少する場合において，資本剰余金の額及び利益剰余金の額の合計額をプラスにすることはできません。

また，合同会社が損失のてん補のために資本金の額を減少させる場合には，まずその減少させる資本金の額を資本剰余金の額に充てることが定められてい

ます（会計規30条2項5号・31条1項4号）。そのうえで，資本剰余金の額を減少させて，利益剰余金の額を増加させることになります（会計規31条2項6号・32条1項3号）。

(2) 税務上の留意点

　法人税においては，資本金等の額は株主等から出資を受けた金額であるとし，利益積立金額は法人の所得の金額で留保している金額として，資本と利益とを明確に区分しています（法税2条16号・18号）。

　このことから，法人税法上は資本金の額を減少させて損失のてん補に充てることは認めていません。したがって，会社計算上において損失のてん補のためにその資本金の額を減少させた場合には，法人税の申告書においてこれをなかったものとして取り扱うことになります。つまり，減資による欠損てん補を行った場合には，必ず申告調整が必要となってきます。

(3) 会計処理と申告調整

　合同会社が資本金の額を減少させて欠損のてん補を行った場合に，具体的な会計処理及び税務処理については次のようになります。なお，下記の事例については資本金の額を100減少して欠損のてん補を行ったものとします。

会社計算上の処理

　資本金の額を直接利益剰余金の額へ振り替えることは認められていませんので，まずは減少させる資本金の額を資本剰余金に振り替えます。そのうえで，資本剰余金の額を減少させて利益剰余金の額を増加させることになります。

　　（借方）資　　本　　金　　　　100　（貸方）資 本 剰 余 金　　　100
　　（借方）資 本 剰 余 金　　　　100　（貸方）利 益 剰 余 金　　　100

税法上の処理

　法人税では資本と利益を混同することは許されていません。したがって，会社計

算上で行った資本剰余金を減少させて利益剰余金の額を増加させた処理については，法人税法上それを打ち消す処理を行います。

(借方) 利益積立金額　　　100　(貸方) 資本金等の額　　　100

なお，法人税の申告書では次のように記載することになります。

別表五（一）利益積立金額及び資本金等の額の計算に関する明細書

Ⅰ　利益積立金額の計算に関する明細書				
区　分	期首現在利益積立金額	当期の増減		差引翌期首現在利益積立金額
		減	増	
利 益 準 備 金				
資 本 金 等 の 額			△100	△100
繰 越 損 益 金				

Ⅱ　資本金等の額の計算に関する明細書				
区　分	期首現在資本金等の額	当期の増減		差引翌期首現在資本金等の額
		減	増	
資本金又は出資金	×××	100		×××
資 本 準 備 金		100	100	
利 益 積 立 金 額			100	100
差 引 合 計 額				

(4) 手　続

合同会社が資本金の額を減少する場合には，債権者保護の見地から，その定款の定めに従い次の事項を官報へ公告するとともに，日刊新聞紙又は電子公告による公告をしなければなりません（会社627条3項）。

① その資本金の額の減少の内容

② 債権者が一定の期間内（最低1月）に異議を述べることができる旨（会社

627条2項)。

なお，この日刊新聞紙又は電子公告による公告をしない場合には，その合同会社は知れている債権者に対し，各別に上記①②を催告しなければなりません（会社627条2項）。

また，この場合において，その合同会社の債権者は，その資本金の額の減少について異議を述べることができます（会社627条1項）。債権者が異議を述べた場合には，その資本金の額の減少がその債権者を害するおそれがないときを除き，合同会社は，その債権者に対し弁済するか，相当の担保を提供するか，又はその債権者に弁済を受けさせることを目的として信託会社等に相当の財産を信託しなければなりません（会社627条5項）。

一方，債権者が上記期間内に異議を述べなかったときは，その債権者は，その資本金の額の減少について承認をしたものとみなします（会社627条4項）。

なお，合同会社の資本金の額の減少については，これらの各手続が終了した日に，その効力が生ずることになります（会社627条6項）。また，合同会社の資本金の額が減少した場合には，遅滞なく税務署，都道府県税事務所及び市町村に対して，資本金額の異動届出書を提出しなければなりません。

4 出資の払戻しと持分の払戻し

(1) 会計上の留意点

① 出資の払戻し

出資の払戻しとは，社員たる地位を維持したまま，社員が出資として払込み又は給付した財産の払戻しを受けることをいいます。

合同会社の社員はその合同会社に対し，既に出資として払込み又は給付した金銭等の払戻しを請求することができます（会社624条1項）。

また，合同会社は，損失のてん補のためのほか，出資の払戻しのためにその資本金の額を減少することができます（会社626条1項）。

この出資の払戻しのために減少する資本金の額は，出資の払戻しにより社

員に対して交付する金銭等の帳簿価額（これを「出資払戻額」という）から，出資の払戻しをする日における剰余金額を控除して得た額を超えてはなりません（会社626条2項）。

また，剰余金額とは資産の額から，負債の額，資本金の額及び法務省令で定める各勘定科目に計上した額の合計額を減じて得た額をいいます（会社626条4項）。なお，この場合の剰余金額とは，その社員の出資につき資本剰余金に計上されている額となります（会計規164条3号イ）。

② 持分の払戻し

持分の払戻しとは，社員がその退社に伴ってその持分に相当する財産の払戻しを受けることをいいます。社員が退社を伴う点において，出資の払戻しとは異なります。

合同会社の社員が退社した場合には，その社員の相続人その他の一般承継人がその社員の持分を承継する場合を除き，その持分の払戻しを受けることができます（会社611条）。

また，合同会社は，その持分の払戻しのために資本金の額を減少することができます（会社626条1項）。

持分の払戻しのために減少する資本金の額は，持分の払戻しにより社員に対して交付する金銭等の帳簿価額（これを「持分払戻額」という）から，持分の払戻しをする日における剰余金額を控除して得た額を超えてはなりません（会社626条3項）。

また，剰余金額とは資産の額から，負債の額，資本金の額及び法務省令で定める各勘定科目に計上した額の合計額を減じて得た額をいいます（会社626条4項）。なお，持分の払戻しを受ける場合の剰余金額については，その社員の出資につき資本剰余金に計上されていた額及び持分払戻額から資本金・資本剰余金の額に計上されていた額の合計額を減じて得た額の合計額をいいます（会計規32条2項2号・164条3号ロ）。

(2) 税務上の留意点

① 合同会社の社員の税務処理

　合同会社が出資の払戻し又は持分の払戻しにより金銭その他の資産の交付をした場合において、その合同会社の社員が交付を受けた金銭及び金銭以外の資産の価額の合計額が、その合同会社の資本等の額のうちその交付の基因となった出資に対応する部分の金額を超えるときは、その超える部分の金額はみなし配当となります（法税24条1項、所税25条1項）。

　さらに、その資産の交付を受ける社員が法人であるならば、みなし配当以外の部分の金額については法人税が課されることとなり（法税61条の2第1項）、その交付を受ける社員が個人であるならば、みなし配当以外の部分の金額については株式等の譲渡所得等に係る収入金額とみなされることになります（租特37条の10第3項6号）。

　この場合におけるみなし配当の額及び出資の譲渡損益の額は次のとおりです。

　イ　みなし配当の額（法税24条1項、法税令23条1項4号、所税25条1項、所税令61条2項4号）

　　みなし配当の額＝交付を受けた金銭等の合計額－

$$\left(\frac{\text{合同会社のその出資の払戻し又は持分の払戻し直前の資本金等の額}^{※}}{\text{出資の払戻し又は持分の払戻し直前の出資の総額}}\right) \times \left(\begin{array}{l}\text{その社員が有していたその}\\\text{出資の払戻し又は持分の払}\\\text{戻しに係る出資の金額}\end{array}\right)$$

　　※その直前の資本金等の額がマイナスである場合には零

　ロ　出資の譲渡損益の額（法税61条の2第1項、租特37条の10第3項6号）

　　譲渡損益の額＝

$$\left(\begin{array}{l}\text{社員が交付を受ける}\\\text{金銭等の価額の合計額}\end{array}\right) - \text{みなし配当の額} - \left(\begin{array}{l}\text{その社員の譲渡した}\\\text{出資の帳簿価額}\end{array}\right)$$

　　ただし、その合同会社から出資の払戻し又は持分の払戻しを受ける社員がその合同会社と完全支配関係にある法人社員である場合には、上記

ロの出資の譲渡損益については認識しません(法税61条の2第17項)。この場合には,次の金額をその法人社員の資本金等の額から減算します(法税令8条1項22号)。

ハ　資本金等の額から減算する金額

資本金等の額から減算する金額＝

みなし配当の額 ＋ $\begin{pmatrix}\text{その社員の譲渡した}\\\text{出資の帳簿価額}\end{pmatrix}$ － 交付金銭等の合計額

② 合同会社の税務処理

　合同会社においては,その出資の払戻し又は持分の払戻しに対応した資本金等の額(取得資本金額)だけ資本金等の額を減算し,その金額を超える部分の金額について,利益積立金額を減算することになります(法税令8条1項20号イ・9条1項14号)。

　また,みなし配当が生じた場合には,合同会社はそのみなし配当の金額に対して所得税の源泉徴収の義務を負います(所税181条・182条)。さらに,そのみなし配当の支払確定日又は支払った日から1月以内に,配当等とみなす金額に関する支払調書及び同合計表を納税地の所轄税務署長に提出する必要があります(所税225条1項2号)。

　ただし,そのみなし配当の額が1万5,000円以下(居住者又は国内に恒久的施設を有する非居住者に対するものについては10万円以下)の場合には,この支払調書及び同合計表の提出は必要ありません(所税規83条2項3号,租特8の5,租特令4条の3第3項)。

　なお,2013年1月1日から2037年12月31日までの間に生じるみなし配当については,その源泉徴収税額に100分の2.1の税率を乗じて計算した額の復興特別所得税を合わせて徴収することとなっています(復興財源確保法28条1項・2項)。

　イ　減少する資本金等の額(法税令8条1項20号イ)

減少する資本金等の額＝取得資本金額＝

$$\left(\frac{\text{合同会社のその出資の払戻し又は持分の払戻し直前の資本金等の額}^{※}}{\text{出資の払戻し又は持分の払戻し直前の出資の総額}}\right) \times \left(\begin{array}{l}\text{その出資の払戻し又は}\\ \text{持分の払戻しに係る出}\\ \text{資の金額}\end{array}\right)$$

※　その直前の資本金等の額がマイナスである場合には零

ロ　減少する利益積立金額（法税令9条1項14号）

$$\text{減少する利益積立金額} = \left(\begin{array}{l}\text{交付金銭等の合計額が上記イの取得資本金額}\\ \text{を超える場合におけるその超える部分の金額}\end{array}\right)$$

(3) 会計処理と申告調整

　合同会社が個人社員にその出資の払戻しを行ったケースを例示にあげて，具体的な会計処理及び税務処理について見ていきましょう。

　例えば，資本金の額が20,000千円，利益剰余金の額が30,000千円，出資の総数は20口，社員の数は1人である合同会社があるとします。この合同会社がその個人社員からその出資の持分10口を15,000千円で取得した場合には，5,000千円のみなし配当が生ずることになります。また，残額の10,000千円については，出資に係る譲渡所得の収入金額が生じることになります。ただし，実際の計算において，この場合の譲渡所得は0円となります。

　なお，合同会社の出資の払戻しの額については，会社計算上においては利益剰余金の額からは控除せずに，資本金の額又は資本剰余金の額から減ずることになります（会計規32条2項但書き）。

第Ⅳ章　合同会社の税制

会社計算上の処理

【個人社員】

　（借方）現　　　　　金　13,979 千円　（貸方）出　資　　金　10,000 千円
　　　　　仮　払　税　金　 1,021 千円　　　　　有価証券譲渡益　 5,000 千円

【合同会社】

　（借方）資　　本　　金　15,000 千円　（貸方）現　　　　　金　13,979 千円
　　　　　　　　　　　　　　　　　　　　　　　預　　り　　金　 1,021 千円

税法上の処理

【個人社員】

　（借方）現　　　　　金　13,979 千円　（貸方）出　資　　金　10,000 千円
　　　　　仮　払　税　金　 1,021 千円　　　　　受　取　配　当　金　 5,000 千円

【合同会社】

　（借方）資　本　金　等　10,000 千円　（貸方）現　　　　　金　13,979 千円
　　　　　利　益　積　立　金　 5,000 千円　　　　　預　　り　　金　 1,021 千円

税務調整

　合同会社においては次の税務調整が生ずることになります。

【税務調整仕訳】

　（借方）利　益　積　立　金　 5,000 千円　（貸方）資　本　金　等　 5,000 千円

【法人税申告書の記載（単位：千円）】

別表四　所得の金額に関する明細書

区分		総額	留保	社外流出
加算	みなし配当	5,000		5,000
減算	出資払戻額	5,000	5,000	

150

別表五（一）利益積立金額及び資本金等の額の計算に関する明細書

I　利益積立金額の計算に関する明細書				
区　分	期首現在利益積立金額	当期の増減		差引翌期首現在利益積立金額
		減	増	
利 益 準 備 金				
資 本 金 等 の 額			▲5,000	▲5,000
繰 越 損 益 金				

II　資本金等の額の計算に関する明細書				
区　分	期首現在資本金等の額	当期の増減差引		差引翌期首現在資本金等の額
		減	増	
資本金又は出資金	20,000	15,000		5,000
資 本 準 備 金				
利 益 積 立 金 額			5,000	5,000
差 引 合 計 額				10,000

(4) 手　続

出資の払戻し又は持分の払戻しにより合同会社の資本金の額が減少した場合には，遅滞なく税務署，都道府県税事務所及び市町村に対して，資本金額の異動届出書を提出しなければなりません。

4 組織変更等に関する課税

1 合同会社から株式会社への組織変更

(1) 基本的な考え方

会社の組織変更とは、会社が法律上同一人格を保有しながら他の種類の会社になることをいいます。すなわち、組織変更前の合同会社の資産及び負債は、組織変更後の株式会社に移転することになりますが、この場合の移転に伴う資産及び負債の価額については、その組織変更を理由に帳簿価額を変更することはできません（会計規7条）。したがって、税法上においてもそれらの移転における譲渡損益が生じることはなく、この点において課税関係が生じることはありません。

組織変更をした場合における税法上の取扱いについては、その会社の同一性に着目し、その解散及び設立はなかったものとして取り扱うこととしています。具体的には、合同会社から株式会社へ組織変更をした場合には、その法人の事業年度及び消費税の課税期間については、その組織変更によって区分されることなく継続することになります（法基通1-2-2、消基通3-2-2）。また同様に、繰越控除される欠損金の税法上の取扱いについても、組織変更後の株式会社にそのまま引き継がれることとなります。

ただし、合同会社から株式会社へ組織変更をした場合には、その効力が生じた日から2週間以内に、その本店の所在地において組織変更前の株式会社については解散の登記をし、組織変更後の合同会社については設立の登記をしなけ

ればなりません（会社920条，商登76条）。また，税務官庁に対しても一定の届出書の提出が必要となります。

届出書の提出先一覧

提出すべき書類	提出先
異動届出書	税務署・都道府県税事務所・市町村
特別徴収義務者の所在地・名称変更届出書	市町村・東京都特別区
労働保険名称・所在地等変更届	労働基準監督署
雇用保険事業主事業所各種変更届	公共職業安定所
適用事業所名称・所在地変更（訂正）届	社会保険事務所

(2) 会計上の留意点

　合同会社と株式会社とでは純資産の部の表示が異なります。したがって，合同会社から株式会社へ組織変更をした場合には，その変更後の株式会社の純資産の部の各計数については，それぞれ次に定める額となります（会計規34条）。

① 資本金の額　組織変更の直前の合同会社の資本金の額

② 資本準備金の額　零

③ その他資本剰余金の額　次のイに掲げる額からロに掲げる額を減じて得た額

　イ　組織変更の直前の合同会社の資本剰余金の額

　ロ　組織変更をする合同会社の社員に対して交付する組織変更後株式会社の株式以外の財産の帳簿価額（組織変更後株式会社の社債等（自己社債を除く。⑤ロにおいて同じ）にあっては，その社債に付すべき帳簿価額）のうち，組織変更をする合同会社が資本剰余金の額から減ずるべき額と定めた額

④ 利益準備金の額　零

⑤ その他利益剰余金の額　次のイに掲げる額からロに掲げる額を減じて得た額

イ　組織変更の直前の合同会社の利益剰余金の額

ロ　組織変更をする合同会社の社員に対して交付する組織変更後株式会社の株式以外の財産の帳簿価額（組織変更後株式会社の社債等にあっては、その社債等に付すべき帳簿価額）のうち、組織変更をする合同会社がその他利益剰余金の額から減ずるべき額と定めた額

純資産の部の表示

次のように変更になります。

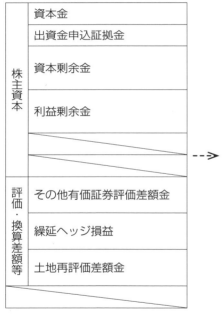

（3）税務上の留意点

（ⅰ）合同会社の社員に組織変更法人の株式のみを交付した場合

組織変更により、組織変更前の合同会社の出資に代えて、組織変更後の株式会社の株式のみが交付される場合には、その旧出資の取得価額がその株式の取

得価額に引き継がれるので、課税関係が生じることはありません（法税61条の2第13項、法税令119条1項14号、所税令115条）。なお、株式の交付を受けるための費用を要した場合には、その費用の額をその株式の取得価額に加算します。

（ⅱ）合同会社の社員に組織変更法人の株式以外の資産を交付した場合

組織変更に伴い合同会社の社員へ組織変更後の株式会社の株式以外の資産が交付される場合には、みなし配当の問題が生ずることがあるので注意が必要です（法税24条1項7号、所税25条1項7号）。

① 合同会社の社員の税務処理

組織変更により、合同会社の社員がその株式会社の株式以外の資産の交付を受けた場合には、その株式の取得価額はその取得の時における時価となります（法税令119条1項27号、所税令109条1項6号）。また、交付を受けた資産の合計額のうち、その組織変更前の合同会社の資本金等の額に対応する額を超える部分の金額については、みなし配当課税の対象となります。

さらに、その資産の交付を受ける社員が法人社員である場合には法人税が課されることになり（法税61条の2第1項）、その交付を受ける社員が個人社員である場合には、みなし配当以外の部分の金額は株式等の譲渡所得等に係る収入金額とみなされることになります（租特37条の10第3項7号）。

イ　みなし配当の額（法税24条1項7号、法税令23条1項6号、所税25条1項7号、所税令61条2項6号）

みなし配当の額＝交付を受けた金銭等の合計額－

$$\left(\frac{\text{組織変更法人の組織変更直前の資本金等の額}^{※}}{\text{組織変更直前の出資の総額}}\right) \times \left(\begin{array}{l}\text{組織変更直前に有していた}\\\text{組織変更法人のその組織変}\\\text{更に係る出資の額}\end{array}\right)$$

※　その直前の資本金等の額がマイナスである場合には零

ロ　株式の譲渡損益の額（法税61条の2第1項、租特37条の10第3項7号）

譲渡損益の額＝

$$\left(\begin{array}{l}\text{社員が交付を受ける}\\\text{金銭等の価額の合計額}\end{array}\right) - \text{みなし配当の額} - \left(\begin{array}{l}\text{その社員の譲渡した}\\\text{出資の帳簿価額}\end{array}\right)$$

② 合同会社の税務処理

　組織変更によりみなし配当が生じた場合には，合同会社はそのみなし配当の金額に対して所得税の源泉徴収の義務を負います（所税181条・182条）。さらに，そのみなし配当の支払確定日又は支払った日から1月以内に，配当等とみなす金額に関する支払調書及び同合計表を納税地の所轄税務署長に提出しなければなりません（所税225条1項2号）。

　ただし，そのみなし配当の額が15,000円以下（居住者又は国内に恒久的施設を有する非居住者に対するものについては10万円以下）の場合には，これらの支払調書及び同合計表の提出は必要ありません（所税規83条2項3号，租特8条の5，租特令4条の3第3項）。

　また，2013年1月1日から2037年12月31日までの間に生じるみなし配当については，徴収すべき源泉徴収税額に100分の2.1の税率を乗じて計算した額の復興特別所得税を合わせて徴収しなければなりません（復興財源確保法28条1項・2項）。

　　イ　減少する資本金等の額（法税令8条1項20号イ）

　　　減少する資本金等の額＝取得資本金額＝

$$\left(\frac{\text{組織変更法人の組織変更直前の資本金等の額}^{※}}{\text{組織変更直前の出資の総額}} \right) \times \left(\begin{array}{c} \text{組織変更をする法人への} \\ \text{譲渡に係る出資の金額} \end{array} \right)$$

　　　※　その直前の資本金等の額がマイナスである場合には零

　　ロ　減少する利益積立金額（法税令9条1項14号）

$$\text{減少する利益積立金額} = \left(\begin{array}{c} \text{交付金銭等の合計額が上記イの取得資本金額を} \\ \text{超える場合におけるその超える部分の金額} \end{array} \right)$$

具体例

　合同会社が株式会社へ組織変更したケースについて，以下，具体的な税務処理について見ていきましょう。

　例えば，個人社員が1人の合同会社（資本金500万円）があるとします。この

個人社員は，その合同会社の出資100口（取得価額は1口50,000円）を所有しています。この合同会社が株式会社へ組織変更をするにあたり，その出資100口と引換えに組織変更後の株式会社の株式100株と500万円の現金をこの個人社員へ交付した場合の課税関係は以下のようになります。

なお，組織変更後の株式会社の資産状況から判断して株式1株当たりの時価は100,000円と見込まれるものとします。

【個人社員】

このケースにおいて，この個人社員は新たに1,000万円（100株＠¥100,000）の株式と現金500万円の合わせて1,500万円の財産の交付を受けたことになります。その結果，元の合同会社の出資の取得価額である500万円を超える部分の金額についてみなし配当が生ずることになります。具体的には，この場合1,000万円のみなし配当が生ずることになります。

また，残額の500万円については，出資に係る譲渡所得の収入金額とみなされることになります（ただし，この場合の譲渡所得金額は0円となります）。具体的な税務処理は以下のとおりとなります。

（借方）		（貸方）	
株　　　式	10,000,000	受 取 配 当 金	10,000,000
現　　　金	2,958,000	出　資　金	5,000,000
仮 払 税 金	2,042,000		

【株式会社】

みなし配当が生じますので，組織変更後の株式会社においては，配当所得に課される源泉所得税の徴収義務を生ずることになります。具体的な税務処理は以下のとおりとなります。

（借方）		（貸方）	
利 益 積 立 金 額	5,000,000	現　　　金	2,958,000
		預　り　金	2,042,000

別表四　所得の金額に関する明細書

区分	総額	留保	社外流出	
当期利益又は当期欠損の額			配　当	5,000,000
			その他	
加算				
減算				

2　株式会社から合同会社への組織変更

(1) 基本的な考え方

　基本的な考え方については,「1　合同会社から株式会社への組織変更」と同じです。株式会社が合同会社へ組織変更する場合についても,その法人の事業年度及び消費税の課税期間については,その組織変更によって区分されることなく継続することになります（法基通 1-2-2, 消基通 3-2-2）。

　なお,事業年度,繰越控除欠損金及び税務官庁への提出書類などの具体的な取扱いについては,合同会社から株式会社への組織変更の際に留意しなければならないことと同じですので,「1　合同会社から株式会社への組織変更」を参照してください。

(2) 会計上の留意点

　「1　合同会社から株式会社への組織変更」でも触れましたが,株式会社と合同会社とでは純資産の部の表示に相違があります。したがって,株式会社を合同会社へ組織変更する場合には,その変更後の合同会社の純資産の部の各計数については,それぞれ次に定める額となります（会計規 33 条）。

　①　資本金の額　組織変更直前の株式会社の資本金の額
　②　資本剰余金の額　次のイに掲げる額からロ及びハに掲げる額の合計額を減じて得た額

イ　組織変更直前の株式会社の資本準備金の額及びその他資本剰余金の額の合計額
　ロ　組織変更をする株式会社が有する自己株式の帳簿価額
　ハ　組織変更をする株式会社の株主に対して交付する組織変更後合同会社の持分以外の財産の帳簿価額（組織変更後合同会社の社債（自己社債を除く。③ロにおいて同じ）にあっては，その社債に付すべき帳簿価額）のうち，株式会社が資本剰余金の額から減ずるべき額と定めた額
③　利益剰余金の額イに掲げる額からロに掲げる額を減じて得た額
　イ　組織変更の直前の株式会社の利益準備金の額及びその他利益剰余金の額の合計額
　ロ　組織変更をする株式会社の株主に対して交付する組織変更後合同会社の持分以外の財産の帳簿価額（組織変更後合同会社の社債にあっては，その社債に付すべき帳簿価額）のうち，株式会社が利益剰余金の額から減ずるべき額と定めた額

純資産の部の表示

次のように変更になります。

【（組織変更前）株式会社】

株主資本	資本金	
	新株式申込証拠金	
	資本剰余金	資本準備金
		その他資本剰余金
	利益剰余金	利益準備金
		その他利益剰余金
	自己株式	
	自己株式申込証拠金	

-->

【（組織変更後）合同会社】

株主資本	資本金
	出資金申込証拠金
	資本剰余金（※区分しません）
	利益剰余金（※区分しません）

評価・換算差額等	その他有価証券評価差額金
	繰延ヘッジ損益
	土地再評価差額金
新株予約権	

評価・換算差額等	その他有価証券評価差額金
	繰延ヘッジ損益
	土地再評価差額金

(3) 税務上の留意点

(ⅰ) 株式会社の株主に組織変更法人の出資のみを交付した場合

組織変更により，組織変更前の株式会社の株式に代えて，組織変更後の合同会社の出資の持分のみが交付される場合には，その旧株式の取得価額がその出資の取得価額に引き継がれるので，課税関係が生じることはありません（法税61条の2第13項，法税令119条1項14号，所税令115条）。なお，その交付を受けるための費用を要した場合には，その費用の額を出資の取得価額に加算します。

(ⅱ) 株式会社の株主に組織変更法人の出資以外の資産を交付した場合

組織変更に伴い株主へ組織変更後の合同会社の出資以外の資産が交付される場合には，みなし配当の問題が生ずることがあるので注意が必要です（法税24条1項7号，所税25条1項7号）。

① 株式会社の株主の税務処理

組織変更により，株式会社の株主がその合同会社の出資以外の資産の交付を受けた場合には，その出資の取得価額はその取得の時における時価となります（法税令119条1項27号，所税令109条1項6号）。また交付を受けた資産の合計額のうち，その組織変更前の株式会社の資本金等の額に対応する額を超える部分の金額については，みなし配当課税の対象となります。

その資産の交付を受ける株主が法人株主であるならば法人税が課されることになり（法税61条の2第1項），その交付を受ける株主が個人株主である場合には，みなし配当以外の部分の金額は株式等の譲渡所得等に係る収入金額

とみなされることになります（租特37条の10第3項7号）。

　　イ　みなし配当の額（法税24条1項7号，法税令23条1項6号，所税25条1項7号，所税令61条2項6号）

　　みなし配当の額＝交付を受けた金銭等の合計額－

$$\left(\begin{array}{c}\text{組織変更法人の組織変更}\\ \text{直前の資本金等の額}^{※}\end{array}\right) \times \dfrac{\text{組織変更直前に有していた組織変更法人のその組織変更に係る株式の数}}{\text{組織変更直前の発行済株式の総数}}$$

　　※　その直前の資本金等の額がマイナスである場合には零

　　ロ　株式の譲渡損益の額（法税61条の2第1項，租特37条の10第3項7号）

　　譲渡損益の額＝株主が交付を受ける金銭等の価額の合計額－

$$\text{みなし配当の額} - \left(\begin{array}{c}\text{その株式一単位}\\ \text{当たりの帳簿価額}\end{array}\right) \times \text{譲渡株式の数}$$

② 株式会社の税務処理

　組織変更によりみなし配当が生じた場合には，株式会社はそのみなし配当の金額に対して所得税の源泉徴収の義務を負います（所税181条・182条）。さらに，そのみなし配当の支払確定日又は支払った日から1カ月以内に，配当等とみなす金額に関する支払調書及び同合計表を納税地の所轄税務署長に提出しなければなりません（所税225条1項2号）。

　ただし，そのみなし配当の額が15,000円以下（居住者又は国内に恒久的施設を有する非居住者に対するものについては10万円以下）の場合には，これらの支払調書及び同合計表の提出は必要ありません（所税規83条2項3号，租特8条の5，租特令4条の3第3項）。

　また，2013年1月1日から2037年12月31日までの間に生じるみなし配当については，徴収すべき源泉徴収税額に100分の2.1の税率を乗じて計算した額の復興特別所得税を合わせて徴収しなければなりません（復興財源確保法28条1項・2項）。

　　イ　減少する資本金等の額（法税令8条1項20号イ）

第Ⅳ章　合同会社の税制

減少する資本金等の額＝取得資本金額＝

$$\left(\begin{array}{c}\text{組織変更法人の組織変更}\\ \text{直前の資本金等の額}^{※1}\end{array}\right) \times \frac{\text{組織変更をする法人への譲渡に係る株式の数}}{\text{組織変更直前の発行済株式の総数}^{※2}}$$

※1　その直前の資本金等の額がマイナスである場合には零

※2　自己の株式の数を除く

ロ　減少する利益積立金額（法税令9条1項14号）

$$\text{減少する利益積立金額} = \left(\begin{array}{c}\text{交付金銭等の合計額が上記イの取得資本金額を}\\ \text{超える場合におけるその超える部分の金額}\end{array}\right)$$

具体例

株式会社が合同会社へ組織変更したケースについて，以下，具体的な税務処理について見ていきましょう。

例えば，個人株主が1人の株式会社（資本金500万円）があるとします。この個人株主は，その株式会社の株式100株（取得価額は1株50,000円）を所有しています。この株式会社が合同会社へ組織変更をするにあたり，その株式100株と引換えに組織変更後の合同会社の出資100口と500万円の現金をこの個人株主へ交付した場合の課税関係は以下のようになります。

なお，組織変更後の合同会社の資産状況から判断して出資1口当たりの時価は100,000円と見込まれるものとします。

【個人株主】

このケースにおいて，この個人株主は新たに1,000万円（100口＠¥100,000）の出資と現金500万円の合わせて1,500万円の財産の交付を受けたことになります。その結果，元の株式会社の株式の取得価額である500万円を超える部分の金額についてみなし配当が生ずることになります。具体的には，この場合1,000万円のみなし配当が生ずることになります。

また，残額の500万円については，出資に係る譲渡所得の収入金額とみなされることになります（ただし，この場合の譲渡所得金額は0円となる）。具体的な税

4 組織変更等に関する課税

務処理は以下のとおりとなります。

(借方) 出 資 金　10,000,000　　(貸方) 受 取 配 当 金　10,000,000
　　　　現　　　　金　 2,958,000　　　　　 株　　　　　式　 5,000,000
　　　　仮　払　税　金　 2,042,000

【合同会社】

みなし配当が生じますので，組織変更後の合同会社においては，配当所得に課される源泉所得税の徴収義務を生ずることになります。具体的な税務処理は以下のとおりとなります。

(借方) 利 益 積 立 金 額　5,000,000　　(貸方) 現　　　　金　2,958,000
　　　　　　　　　　　　　　　　　　　　　　　預　　り　　金　2,042,000

別表四　所得の金額に関する明細書

区分	総額	留保	社外流出	
当期利益又は当期欠損の額			配　当	5,000,000
			その他	
加算				
減算				

3 種類変更

(1) 基本的な考え方

　合名会社及び合資会社は，その全ての社員を有限責任社員とする定款の変更を行うことにより，合同会社への種類変更を行うことができます（会社638条1項3号・2項2号）。また，合同会社は，その全ての社員を無限責任社員とする定款の変更を行うことにより合名会社への種類変更を行うことができます（会社638条3項1号）。このほかに，合同会社は，無限責任社員を加入させる定款の変更，又はその社員の一部を無限責任社員とする定款の変更を行うことにより，合資会社への種類変更を行うことができます（会社638条3項2号・3号）。

会社が種類変更をした場合には、その効力が生じた日から2週間以内に、その本店の所在地において、その変更前の会社については解散の登記をし、その変更後の会社については設立の登記をすることになります（会社919条・920条）。

ただし、税法上の取扱いについては、それらの変更前及び変更後の会社の同一性に着目し、その解散及び設立はなかったものとして取り扱うこととしています。したがって、事業年度、繰越控除欠損金、及び税務官庁への提出書類などに関しては、組織変更の際に留意しなければならないことと基本的には同じになります（「4.1(1) 合同会社から株式会社への組織変更」を参照）。

(2) 会計上の留意点

合同会社は、各事業年度において貸借対照表、損益計算書、社員資本等変動計算書及び個別注記表を作成しなければなりません（会社617条2項、会計規71条1項2号）。一方、合名会社及び合資会社については、各事業年度において必ず貸借対照表を作成しなければなりませんが、損益計算書、社員資本等変動計算書、個別注記表については、それらを作成するものと定めた場合にのみ、損益計算書、社員資本等変動計算書又は個別注記表を作成しなければなりません（会社617条2項、会計規71条1項1号）。

したがって、合名会社・合資会社から合同会社へ種類の変更をした場合に、種類変更前の合名会社・合資会社が損益計算書、社員資本等変動計算書又は個別注記表を作成していなかったときには、種類変更後の合同会社においてはそれらの計算書類を新たに作成しなければなりません。

(3) 税務上の留意点

持分会社の種類の変更については、社員の責任の範囲に関する定款変更にすぎません。したがって、その変更に伴って何らかの課税関係が生じるということはありません。

4 解散・清算

(1) 解散によるみなし事業年度

合同会社が事業年度の中途で解散(合併による解散を除く)をした場合には,その事業年度開始の日から解散の日までの期間及び解散の日の翌日から定款で定めた事業年度終了の日までの期間をそれぞれ一事業年度とみなします(会社494条1項,法税14条1項1号)。また,その後の清算中の事業年度についても,定款で定めた事業年度を一事業年度とします。

例えば,3月31日が決算日である合同会社がある年の7月31日に解散をした場合には,それぞれ次の事業年度を一の事業年度とみなします。

① その年の4月1日から同年7月31日までの期間
② 同年8月1日から翌年3月31日までの期間

なお,この場合の法人税・消費税の確定申告書の提出期限及び納付期限については,①及び②の期間の終了の日の翌日から2月以内となります(法税74条1項・77条,消税19条・45条1項・49条)。

(2) 残余財産が確定した場合

清算中の法人の残余財産が清算中の各事業年度の中途において確定した場合には,上記(1)にかかわらず,その事業年度開始の日から残余財産の確定日までの期間が最終の事業年度となります(法税14条1項21号)。

この場合における法人税・消費税の確定申告書の提出期限及び納付期限については,その残余財産の確定した日の翌日から1月以内(その期間内に残余財産の最後の分配等が行われる場合には,その行われる日の前日まで)となります(法税74条2項・77条,消税19条・45条4項・49条)。

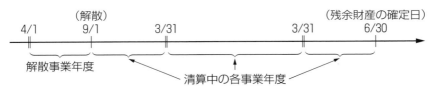

第Ⅴ章
合同会社と有限責任事業組合の税制上の比較

1 法人課税と構成員課税

1 事業体に対する課税

(1) 現　状

わが国の事業体が獲得した損益に対する課税については，原則として法人格の有無を基準として，法人課税の対象とするか，又は構成員課税の対象とするかを判断しています。

合同会社は，会社法上で規定されている法人格を有する事業体であることから，法人課税が適用されます。これに対して有限責任事業組合は，民法上の特則である有限責任事業組合契約に関する法律（以下「有限責任事業組合法」という）により成立する法人格を有しない事業体であることから，構成員課税が適用されます。

法人課税とは，事業体が獲得した損益について，当該損益を獲得した事業体を納税義務者として課税を行う方式です。これに対して構成員課税とは，事業体が獲得した損益を当該事業体の構成員が獲得した損益とみなして課税を行う方式であり，当該損益が帰属することになる各構成員を納税義務者として課税

構成員課税の仕組み

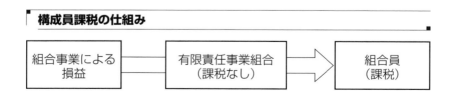

を行う方式です。このため，有限責任事業組合の組合事業に係る損益を組合財産として留保しても，税務上は各組合員に帰属するものとして課税が行われます。

構成員課税が適用される場合には，事業体から各構成員における損益の帰属方法や計算方法について，一定の定めが設けられています。

(2) 損益分配に対する課税

事業体に対する課税方式の違いは，分配された損益に対する課税にも影響を及ぼします。

利益の分配については，法人課税が適用される合同会社の場合には，合同会社の事業活動により獲得した利益に対して法人課税が行われ，その後に各社員に配当した場合における配当課税という二重課税が生じます。

これに対して構成員課税が適用される有限責任事業組合の場合には，有限責任事業組合の事業活動により獲得した利益については，事業体の段階では課税は行われないため，分配された利益に対する上記のような配当二重課税は生じません。

損失の分配については，法人課税が適用される合同会社の場合には，税務上は損失の分配が認められません。当該損失については，一定の要件に該当する場合には，当該合同会社において欠損金繰越控除の適用を受けることができます。

これに対して構成員課税が適用される有限責任事業組合の場合には，税務上も原則として損失の分配が認められます。このため，有限責任事業組合の各組合員は，有限責任事業組合から生じた損益と当該組合員の固有の損益との損益通算を行うことができます。

2 合同会社に対する課税

(1) 概　要

法人税の納税義務者は，法人税法4条1項の規定により，法人課税が行われ

る対象者を「法人」と定義しています。

用語の定義については，法人税法2条に規定がありますが，どのような事業体が法人税法上の法人に該当するかという明確な定義についての規定はありません。一般的には法律により人格を与えられた団体，すなわち会社法等に規定されている法人が法人課税の対象となると考えられています。

合同会社は会社法2条1項1号及び3条の規定により，会社法上で法人格を認められた団体であり，法人格を有する事業体であることから，わが国の事業体課税のもとでは，法人課税が適用されます。

(2) 合同会社に対する構成員課税の可能性

合同会社も有限責任事業組合も「出資者有限責任」「自由な機関設計」「自由な分配割合の設定」など法的には類似した事業体であることから，導入時には税制に関する協議が行われました。

導入時の税制に関する協議では，合同会社と有限責任事業組合が非常に類似した事業体であることや，諸外国においては必ずしも法人格の有無により事業体に対する課税方式を決定しているわけでないこと等を理由として，合同会社に対する構成員課税の適用の可能性について議論されました。結果としては，合同会社は法人課税とし，有限責任事業組合は構成員課税として，いずれ後日に再協議することになっています。

3 有限責任事業組合の課税

(1) 概 要

有限責任事業組合は，民法に規定されている任意組合の特則である有限責任事業組合法により成立する事業体です。このため，各組合員の組合契約に基づく事業体であることから，法人格を有しない事業体となるため，わが国では法人課税の対象とはならずに構成員課税の対象となります。

構成員課税とは，事業体として獲得した損益を，当該事業体の各構成員が獲

得した損益とみなして課税する方式（法基通14-1-1）で，組合課税やパススルー課税とも呼ばれることもあります。

法人課税と構成員課税を比較すると，構成員課税には「配当二重課税の完全排除」と「税務上も損失の分配が認められる」という2つの特徴があります。

(2) 構成員課税と連結納税制度

構成員課税の特徴を利用して，連結納税制度の効果を簡便的に得る手段が存在します。連結納税制度とは，親子関係にある法人グループを単一の納税主体として課税するという制度です。

具体的には，甲，乙及び丙という事業体があると仮定します。

連結納税制度を採用した場合には，親会社を甲とし，甲の完全子会社を乙及び丙とした場合に，甲の損益と乙及び丙の損益を合算して課税を行うことになります。

構成員課税が適用される有限責任事業組合を利用した場合には，甲を組合員

構成員課税と連結納税制度の仕組み

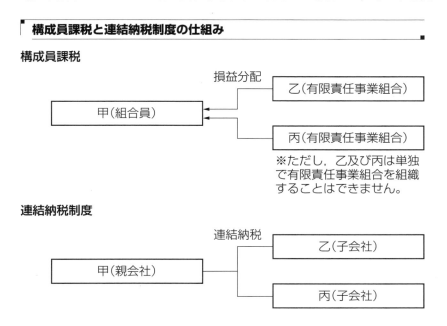

とした乙及び丙の有限責任事業組合とし，乙及び丙からの損益分配によって甲が損益通算を行うことにより，連結納税制度と類似した効果を得ることができます。

両者の違いは，連結納税制度は任意適用であるため適用には所定の届け出が必要であることや，連結納税制度は完全子会社のみでしか採用できないため，これらの条件がない構成員課税が適用される有限責任事業組合を利用した場合には，簡便的に類似した効果が得られると考えられます。

ただし，有限責任事業組合は組合員が1人の状態では組成できないことが留意点となります。

(3) 組合員に対する損益の帰属時期

構成員課税は事業体の段階では課税が行われず，事業体として獲得した損益がそのまま分配割合に応じて構成員に帰属するため，当該損益が各構成員に帰属する時期についての課題が生じます。

各構成員に帰属する時期について，構成員課税の原則的な考え方としては，事業体が損益を獲得した都度，各構成員に帰属するという考え方があります。しかし，実務上の煩雑さ等を理由として，定期的な計上が行われること等を条件に，以下に掲げる時期において事業体が獲得した損益が各構成員に帰属するものとした規定があります。

(ⅰ) 法人組合員の場合

法人組合員の場合については，有限責任事業組合が定めた計算期間の終了した日の属する当該法人組合員の事業年度において，当該有限責任事業組合の計算期間における損益を分配割合に応じて認識します（法基通14-1-1の2ただし書き）。

(ⅱ) 個人組合員の場合

個人組合員の場合については，有限責任事業組合が定めた計算期間が終了した日の属する当該個人組合員の年において，当該有限責任事業組合の計算期間における損益を分配割合に応じて認識します（所基通36・37共-19の2ただし書き）。

(4) 組合員に対する損益の帰属方法

　構成員課税は事業体の段階では課税が行われず，事業体として獲得した損益がそのまま分配割合に応じて構成員に帰属するため，当該損益が各構成員に計上される方法についての課題が生じます。

　損益の帰属方法については，法人組合員の場合には法人税基本通達14-1-2の規定により，原則として個人組合員の場合には所得税基本通達36・37共-20の規定により，次に掲げる（ⅰ）の方式となりますが，継続適用及び課税上の弊害がないことを条件に（ⅱ）（ⅲ）の方式により計上することもできます。

（ⅰ）総額方式

　有限責任事業組合の事業活動により生じた計算期間における貸借対照表項目及び損益計算書項目を，分配割合に応じて計上する方法

（ⅱ）中間方式

　有限責任事業組合の事業活動により生じた計算期間における損益計算書項目を，分配割合に応じて計上する方法

（ⅲ）純額方式

　有限責任事業組合の事業活動により生じた計算期間における純利益又は純損失を，分配割合に応じて計上する方法

(5) 損益の帰属方法における留意点

　損益の帰属方法について，「総額方式」「中間方式」「純額方式」のいずれかの方式を採用するかにより，下記に掲げるような相違点が生じます。

（ⅰ）法人組合員の場合

　中間方式においては，貸借対照表項目の計上が行われないことから，引当金・準備金等の制度が不適用となります。

　また，純額方式においては，貸借対照表項目及び損益計算書項目の計上が行われないことから，受取配当金等の益金不算入・所得税額の控除・引当金・準備金等の制度が不適用となります。

　なお，総額方式・中間方式・純額方式いずれの方式を採用した場合でも，交

際費等の損金不算入及び寄付金の損金不算入の別表調整は必要となります。

(ⅱ) 個人組合員の場合

中間方式においては，貸借対照表項目の計上が行われないことから，引当金・準備金等の制度が不適用となります。

純額方式においては，貸借対照表項目及び損益計算書項目の計上が行われないことから，非課税所得・引当金・準備金・配当控除・源泉所得税の控除等の制度が不適用となります。

所得税法においては獲得した損益を，不動産所得，事業所得，一時所得，山林所得や雑所得などの10種類に区分して税額計算を行うものとされています。

このため，有限責任事業組合の個人組合員についても，有限責任事業組合として獲得した損益については，所得税法に規定する所得区分に区分して引き継ぐことになります。

ただし，純額方式を採用している場合には，各所得区分が合計された純利益又は純損失での計上が行われることとなるため，純額方式により分配された損益については，当該有限責任事業組合の主たる事業に従い，不動産所得，事業所得，山林所得，雑所得のいずれかの所得に区分することになります（所基通36・37共-20(3)）。

構成員課税における損益の帰属

帰属時期

	法人組合員	個人組合員
原則	事業年度に対応する部分が帰属する	年度に対応する部分が帰属する
特例	有限責任事業組合の計算期間終了の日の属する事業年度に，当該有限責任事業組合の計算期間における損益が帰属する	有限責任事業組合の計算期間終了の日の属する年度に，当該有限責任事業組合の計算期間における損益が帰属する

帰属方式

	総額方式	中間方式	純額方式
内容	全ての項目を認識する	損益項目のみを認識する	純利益又は純損失のみを認識する

留意点

	中間方式	純額方式	その他の留意点
法人組合員の留意点	引当金・準備金等が不適用	受取配当金等の益金不算入・所得税額の控除・引当金・準備金等が不適用	いずれの方式を採用した場合でも，交際費等の損金不算入・寄附金の損金不算入の別表調整が必要
個人組合員の留意点	引当金・準備金等が不適用	非課税所得・引当金・準備金・配当控除・源泉所得税の控除等が不適用	所得税法における所得区分をそのまま引き継ぐ。なお，純額方式の場合には，当該有限責任事業組合の主たる組合事業に従い，不動産所得・事業所得・山林所得・雑所得のいずれかに区分する

2 租税回避行為防止策

1 事業体課税と租税回避行為

　租税回避行為とは，明確な法律違反ではないが経済的合理性を伴わない行為により税負担を軽減させる行為をいい，法律上明らかな違反により不当に税負担を軽減させる脱税行為とは異なります。

　脱税行為は処罰の対象となり法的制裁を受けるのに対し，租税回避行為は明確な法律違反でないため，原則として処罰の対象にすることができません。このため，租税回避行為による不当な税負担の軽減を防止するために，税法上に特別な規定を設けている場合があります。

　合同会社にのみに適用される租税回避行為防止策というのはありません。これに対して有限責任事業組合には，構成員課税の特徴である損失の分配を利用した租税回避行為が存在するため，組合員の共同事業性の確保と一定額を超える損失分配を制限するという2つの租税回避防止策が定められています。

　なお，法人組織を利用した租税回避防止規定は存在し，代表的なものに「同族会社の行為計算否認規定」と「資本に関係する取引等に係る税制（別名：グループ法人税制）」という2つの規定があります。合同会社については，これらの規定の対象となる場合には注意が必要です。

　租税回避行為防止の規定の中には，租税回避行為に該当する法律行為については，なかったものとして改めて課税額を計算することがあります。なかったものとされた法律行為については，課税の公平の観点から否認されるものであ

るため，私法上の法律関係には影響を及ぼすわけではありません。

合同会社と有限責任事業組合については，租税回避防止策の観点から税務署等への提出書類についても違いがあります。

法人課税が適用される合同会社は，前述のとおり合同会社自身が納税義務者となるため，獲得した損益に係る確定申告書の提出が必要になります。

これに対して構成員課税が適用される有限責任事業組合は，有限責任事業組合自身が納税義務者とはならないため，有限責任事業組合自身は獲得した損益に係る確定申告書の提出義務はありません。しかし，課税漏れを防ぐ等の観点から，各組合員に損益を分配した明細を記載した書類を提出する義務が課せられています。

2 合同会社に対する租税回避防止策

(1) 概　要

合同会社に特有の租税回避行為防止策というのは存在しません。

ただし，法人格を利用した租税回避行為を防止するため，特定の法人組織を対象とした租税回避防止規定は存在します。

代表的なものに「同族会社の行為計算否認規定」や「資本に関係する取引等に係る税制」などがあり，公開会社でない合同会社については対象となる場合には注意が必要です。

なお，「同族会社の行為計算否認規定」「特定同族会社の留保金課税」の対象は同族会社という概念の法人ですが，同族会社とは会社法に定義されている法人の概念ではありません。法人税法上で特別に定めた一定の範囲の法人であり，"一部の社員によって税負担を軽減するために経済的合理性を有しない意思決定が行われる可能性がある法人"が該当します。

(2) 同族会社の行為計算否認規定

(ⅰ) 同族会社の範囲

同族会社に該当するか否かの具体的な判定基準は，法人税法2条10号に規定されています。合同会社の場合には，「社員と当該社員と特殊な関係にある者の出資金額又は議決権の合計」が「それらの上位3グループの出資金額を合計したときに，その会社の総出資金額又は議決権の50％を超えることとなること」という条件に該当するかどうかにより判断します。

この場合における「社員と特殊な関係にある者」とは，当該社員の親族・使用人・生計を一にしている者等や当該社員が支配している他の法人などをいいます（法税令4条）。なお，同一の内容の議決権を行使することに同意している者を含む場合もあります。

(ⅱ) 同族会社の行為計算否認

同族会社に該当する場合には，恣意的な判断による行為や計算による租税回避行為を防止するため，法人税額を不当に減少させる結果となる行為又は計算がある場合には，税務署長は適正化を目的としてその行為・計算を否認し，その法人に係る課税標準等を算定することができるものとされています（法税132条1項）。

この場合の「行為」とは取引事実を否認することであり，「計算」とは当該行為の結果により生じた計算数値を否認することですが，これらの言葉の定義を明確にする意味はあまりありません。

(ⅲ) 判断基準

法人税法132条1項に記載のある「不当に減少させる」の判断基準については，明文化されておりません。

一般的な判断基準の指標には，「非同族会社対比基準」＝非同族会社に置き換えた場合に法人税額が減少する結果となるか，「経済的合理性基準」＝経済的に不自然・不合理なものでなかったかの2つを基準として判断されます。

(3) 特定同族会社の留保金課税制度

　同族会社は恣意的に配当を行わないことにより，配当課税を回避することができる可能性があります。これは結果として，社員が都合の良いときに配当課税を選択できることを意味することになるため，同族会社のうち同族会社の判定時における1社員グループがその会社の出資総額の50％超となる会社で，かつ資本金が1億円を超える同族会社を特定同族会社といい，一定額以上の利益を留保した場合には，当該留保した部分について特別の課税を行う，特定同族会社の留保金課税制度が適用されます（法税67条）。

(4) 資本に関係する取引等に係る税制

　次に，「資本に関係する取引等に係る税制」ですが，近年では企業経営の合理化を目的とした会社分割や子会社設立を行い，それらを含めた企業グループ全体において経済活動を行うケースが多くみられるようになってきています。

　このため，企業グループ内における法人間での取引に係る租税回避行為を防止するため，完全支配関係等が成立する一定の法人間の取引については，下記のように取り扱うものと規定されています。

① 　グループ内の法人間での固定資産・土地・有価証券（売買目的有価証券及び簿価が1,000万円未満の一定の資産を除く）・金銭債権・繰延資産の譲渡取引については課税を繰り延べる措置が行われます（法税61条の13第1項，法税令122条の14第1項）。

② 　グループ内の法人間において寄附があった場合には，寄附を行った法人については全額を損金不算入とし，寄附を受けた法人については全額を益金不算入とします（法税37条2項・25条の2）。

③ 　グループ内の法人間において配当があった場合には，配当を受けた法人については全額を益金不算入とします（法税23条）。

④ 　出資額等が5億円超の大法人が発行済の株式総数の全てを所有している場合には，中小法人に係る各種の税制特例措置が不適用になります。

　なお，連結納税制度は任意適用となりますが，資本に関係する取引等に係る

税制は強制適用になるので，対象となる場合には注意が必要です。

通常課税／連結納税制度／グループ法人税制の比較表

	通常課税	連結納税制度	グループ法人税制
課税主体	単一法人	親会社	単一法人
適用状態	連結納税との任意	通常課税との任意	対象となれば強制適用
対象法人との取引	通常通り認識する	特定取引を否認する	特定取引を否認する
損益通算	しない	対象法人とはできる	しない

3 有限責任事業組合に対する租税回避防止策

(1) 概 要

有限責任事業組合については，構成員課税の特徴である損失の分配を利用した租税回避行為の可能性が考えられます。このため，損失の分配を利用した租税回避行為を防止するために，総組合員に業務執行を義務付け及び組合員への損失分配制限を設けています。

(2) 総組合員に対する業務執行の義務付け

業務執行の義務付けについては，有限責任事業組合法12条及び13条に規定されており，有限責任事業組合の意思決定は原則として総組合員の一致によること及び総組合員の業務執行が義務付けられています。このため，有限責任事業組合は，業務を執行しない出資のみの組合員の存在は認められません。

これらの規定により，有限責任事業組合の事業に参加せずに，損失の分配による損益通算を目的とした組合員の存在を防止しています。

(3) 損失の分配制限

損失分配を利用した租税回避行為を防止するために，以下に掲げる計算方式により算出した出資金調整額を上限とした損失分配制度を採用しています（租特67条の13・27条の2）。

① 組合員が出資した金銭等の額
② 有限責任事業組合が獲得した損益で当該組合員に帰属する部分
③ すでに損益の分配を受けた部分

出資金調整額＝①＋②－③

この規定により，多額の損失の分配を受けることによる損益通算を防止しています。なお，組合損失額については，最終的には当該組合の清算結了時において各組合員の損金算入扱いとなります。

(4) 提出書類

有限責任事業組合については，事業体自身が納税義務者とならないため，確定申告書等を提出する必要はありません。

しかし，課税漏れを防ぐ観点から，「有限責任事業組合等に係る組合員所得に関する計算書」及び「有限責任事業組合等に係る組合員所得に関する計算書合計表」を，有限責任事業組合が定めた計算期間の終了の日の属する年の翌年1月31日までに，当該有限責任事業組合の主たる事務所の所在地を所轄する税務署長に提出することが必要となります（所税227条の2，所税規96条の2）。

第Ⅴ章　合同会社と有限責任事業組合の税制上の比較

（参考書類）有限責任事業組合等に係る組合員所得に関する計算書

有限責任事業組合等に係る組合員所得に関する計算書
（自　　年　　月　　日 至　　年　　月　　日）

組合員	住所(居所)又は所在地				
	氏名又は名称		個人番号又は法人番号		
組合	主たる事務所の所在地				
	名称		（電話）		

有限責任事業組合の会計帳簿を作成した組合員又は投資事業有限責任組合の業務を執行する無限責任組合員

氏名又は名称
個人番号又は法人番号

　　　年　　月　　日作成

○個人番号又は法人番号欄に個人番号(12桁)を記載する場合には、右詰で記載します。

組合事業の内容		当該計算期間における分配額	交付年月日	分配額	備考
			・　・	千　円	
出資の価額の合計額	当該組合員分	千　円	・　・		
	全組合員分		・　・		
出資の目的		各計算期間における分配額の合計額		千　円	
損益分配割合	％				

収益及び費用の明細		資産及び負債の明細	
収益及び費用の内訳	収益の額及び費用の額	資産及び負債の内訳	資産の額及び負債の額
	千　円		千　円
収益		資産	
		合　　計	
費用		負債	
		合　　計	
		資産の合計－負債の合計	
		(摘要)	

整理欄	①	②	

354

2 租税回避行為防止策

（参考書類）有限責任事業組合等に係る組合員所得に関する計算書合計表

平成　年分　有限責任事業組合等に係る組合員所得に関する計算書合計表

※平成28年1月1日以後提出用

3 利益配当と損益分配に係る課税

1 概　要

　合同会社及び有限責任事業組合ともに，定款又は有限責任事業組合契約書に別段の定めを記載することにより，社員又は組合員が出資した割合と異なる利益の分配割合を定めることが可能です。また，損失についても，社員又は組合員が出資した割合と異なる損失の分配割合を定款又は有限責任事業組合契約書に記載することができます。

　このように，損益の分配に関して非常に類似した事業体となりますが，法人課税が適用される合同会社と構成員課税が適用される有限責任事業組合では，損益の分配に係る課税は大きく異なります。

　利益の分配については，法人課税が適用される合同会社の場合は，事業体段階での法人課税と利益配当時の配当課税との二重課税が生じることとなるため，この二重課税を排除するために法人社員には受取配当金等の益金不算入の規定が，個人組合員には配当控除の規定の適用があります。構成員課税が適用される有限責任事業組合の場合には，このような配当二重課税が生じません。

　損失の分配については，法人課税が適用される合同会社の場合には，税務上は認められていません。これに対して，構成員課税が適用される有限責任事業組合の場合には，原則として税務上も認められます。

2 合同会社の利益配当に関する課税

(1) 出資比率と異なる分配割合

　合同会社は定款に記載することにより，社員が出資した比率と異なる損益の分配割合を定めることができます。

　出資比率と分配割合を異なるように設定できる理由には，会社法では対外的な債権者保護を目的とした出資持分と，内部的分配割合とは区別して考えることとされているためです。このため，合同会社は各社員が出資した比率とは異なる貢献度を考慮した分配割合を自由に設定できるのです。

　ただし，この分配割合の設定が合理的に説明可能な分配割合でない場合には，税務上において寄附金又は贈与認定される可能性があるので注意が必要です。

(2) 分配割合の変更

　分配割合の変更については，総社員の同意があれば定款を変更することにより認められますが（会社637条），この場合においても，合理的に説明可能な分配割合でない場合には，税務上において寄附金又は贈与認定される可能性があるので注意が必要です。

(3) 二重課税排除策

　法人課税が適用される合同会社は，社員に利益を配当した場合には配当二重課税が生じます。この二重課税を排除するために，法人社員には受取配当金等の益金不算入の規定が，個人社員には配当控除の規定の適用があります。

　受取配当金等の益金不算入制度とは，法人税法23条に規定されており，法人社員が合同会社から剰余金の配当を受けた場合には，以下のいずれかの方法により算出した額を益金不算入として別表調整することで，二重課税を排除する仕組みです。

（ⅰ）合同会社の出資総額の3分の1超を保有している場合（法人社員）

合同会社からの受取配当金の額から，当該合同会社の有価証券に係る負債利子の額を控除した額が益金不算入の額となります。

なお，出資総額を100％保有している合同会社からの受取配当金の場合には，当該合同会社の有価証券に係る負債利子の額を控除せずに，受取配当金の全額が益金不算入の額となります。

（ⅱ）合同会社の出資総額の3分の1以下を保有している場合（法人社員）

出資総額が5％超3分の1以下の場合には，当該合同会社からの受取配当金の額の50％が，出資総額が5％以下の場合には受取配当金の額の20％が益金不算入の額となります。

（ⅲ）個人社員の場合

個人社員の場合に適用される配当控除とは，所得税法92条に規定されており，個人社員が合同会社から受取配当金を受けた場合において，原則として課税総所得金額が1,000万円以下の場合には配当所得金額の10％とし，課税総所得金額が1,000万円を超える場合には原則として，下記の計算式により配当控除額を計算します。

① 配当所得金額－（課税総所得金額等－1,000万円）
② 配当所得金額－①
③ 配当控除の額＝①×10％＋②×5％

なお，①の金額がマイナスの場合には0とします。また，その他の受取配当金がある場合には異なる計算式が適用される場合があります。

このため，わが国の配当二重課税排除策については，原則として100％完全支配子会社でない場合には，配当二重課税を完全に排除できない制度となっています。

（4）合同会社の損失

合同会社の損失の分配については，現時点では税務上は認められていませ

ん。当該損失については，青色申告書を提出し，かつ，連続して確定申告を提出しているという要件に該当する場合には，当該合同会社自身が繰越欠損金控除の適用を受けることができます（法税57条）。

　繰越欠損金控除とは，欠損金を翌期以降の所得と相殺する制度で，欠損金が生じた事業年度の翌事業年度以降10年間にわたって欠損金を繰り越すことができる制度です。なお，この場合において，出資金が1億円を超える合同会社又は資本金等が5億円以上の法人等による完全支配関係等がある場合については，原則として所得金額の100分の50相当額が繰越欠損金の控除限度額となります。

2 有限責任事業組合の損益分配に関する課税

(1) 出資比率と異なる分配割合

有限責任事業組合は，有限責任事業組合契約書に記載することにより，組合員が出資した比率と異なる分配割合を定めることが可能です（有責33条）。

出資比率と分配割合を異なるように設定できる理由には，有限責任事業組合法では対外的な債権者保護を目的とした出資比率と，内部的な分配割合とは区別して考えることとされているためです。

このため，出資した持分と異なる貢献度を考慮した分配割合を自由に設定できるのです。ただし，この分配割合の設定が合理的に説明可能な分配割合でない場合には，税務上は寄附金又は贈与認定される可能性があるので注意が必要です。

なお，有限責任事業組合において出資比率と異なる分配割合を定める場合には，以下に掲げるいずれかの方法によることが必要となります。

① 組合員の損益分配の割合に関する書面（有責施規36条1項の規定による書面）を作成し，当該書面に総組合員の署名又は記名押印を行う方法
② 有限責任事業組合契約書に，組合員の損益分配の割合に関する一定の事項を記載し，当該書面に総組合員の署名又は記名押印を行う方法（有責施規36条3項）

(2) 分配割合の変更

分配割合の変更については，有限責任事業組合法5条の規定により，総組合員の同意があれば認められます。ただし，この場合おいても，合理的に説明可能な分配割合でない場合には，税務上は寄附金又は贈与認定される可能性があるので注意が必要です。

(3) 損失分配の課税上の留意点

損益の帰属方法については，「**1** 3 (4) 組合員に対する損益の帰属方法」に

記載があるとおり，いくつかの手法が認められています。有限責任事業組合からの損失分配については，出資金調整額を超える部分については，税務上は損失の分配制限があるために認められません。

なお，損失の分配制限を超過した部分については，法人組合員と個人組合員とで下記のような違いがあります。

（ⅰ）法人組合員の場合

法人組合員の場合には，超過した部分については，当該法人組合員が連続して確定申告書に一定の書類を添付して提出している場合に限り，組合損失超過額として翌期以降に繰り越すことができます（租特67条の13，租特令39条の32）。なお，この繰越期間には合同会社に適用される繰越欠損金控除のような期限はありません。

（ⅱ）個人組合員の場合

個人組合員の場合には，法人組合員と違い超過した部分を繰り越す規定は存在しません。このため，超過した部分は原則として切り捨てられると考えられます。

(参考書類)組合員の損益分配の割合に関する書面

株式第一

組合員の損益分配の割合に関する書面

組合の名称		
組合員名	出資の割合	損益分配の割合
	％	％
	％	％
	％	％
	％	％
	％	％
損益分配の割合の理由		
適用開始の年月日	平成　年　月　日	
作成年月日	平成　年　月　日	
組合員全員の署名又は記名押印	組合員：	
	組合員：	
	組合員：	
	組合員：	
	組合員：	

3 利益配当と損益分配に係る課税

（参考書類）別表九（二）組合事業等による組合等損失額の損金不算入又は組合等損失超過合計額の損金算入に関する明細書

別表九（二）による組合事業等の損金不算入又は組合等損失超過合計額の損金算入に関する明細書（様式）。平成三十一・四・一以後終了事業年度又は連結事業年度分。

4 加入と脱退に関する課税

1 概　要

　合同会社及び有限責任事業組合ともに，総社員又は総組合員の同意があれば新規に社員を入社又は組合員を加入させることができます。新たに入社した社員又は加入した組合員には出資の履行義務が課され，この義務を履行した段階で入社又は加入が認められることになります。

　合同会社の社員の退社又は有限責任事業組合の組合員の脱退については，法定事由による退社又は脱退と，任意事由による退社又は脱退とがありますが，どちらの規定もほぼ同様の内容となっています。

　合同会社に入社するために行った出資又は退社に伴う払戻しを受けた場合については，これらの行為は資本取引に該当するため，原則として課税関係は生じません。ただし，加入時に有利発行に該当する場合及び有利な条件で退社する場合には，贈与税等の問題が生じる可能性があるので注意が必要です。

　有限責任事業組合についても，加入するために行った出資又は脱退に伴う払戻しを受けた場合については，これらの行為は資本取引に該当するため，原則として課税関係は生じません。

　ただし，現物出資を行った場合については，合同会社は原則的には当該出資を行った社員において当該現物出資に係るすべての持分に対する譲渡課税が認識されるのに対し，有限責任事業組合に対する現物出資については，出資を行った組合員以外の各組合員の持分に対応する部分についてのみ，当該現物出

資を行った組合員において譲渡課税が認識される点が相違します。

2 合同会社

(1) 入社に関する課税

合同会社は，新たに社員を入社させることができます（会社604条1項）。この場合には，合同会社の定款変更となるため，総社員の同意による定款変更が必要となります（会社637条）。

新たに社員になろうとする者には出資の履行義務が課され，当該出資義務を履行した段階で社員として認められることになります（会社604条3項）。このような行為については，資本取引に該当するため，原則として課税関係は生じません。

(2) 有利発行に該当する場合の留意点

合同会社の社員として入社した場合には，対価として有価証券を受け取ることとなります。この有価証券の取得価額については，法人社員であれば法人税法施行令119条の規定により，自然人たる個人社員の場合については所得税法施行令109条の規定により，原則として払込み等を行った金額に付随費用を加算して決定します。

しかし，合同会社に係る有価証券を取得するために要した支出額が，当該合同会社の有価証券を取得するために「通常要する価額」に比べて有利な場合（いわゆる有利発行に該当する場合）には，取得するために支出した金額と通常要する価額との差額については，法人社員について受贈益課税等が，自然人たる個人社員については所得税課税又は贈与税課税が生じる可能性があるので注意が必要です。

有利発行に該当するか否かの判定については，法人税基本通達2-3-7（注）又は所得税基本通達25～35共7（注）の規定により，有価証券を取得するために支出した金額と当該有価証券を取得するために通常要する価額との差が

10％程度であるかどうかにより判断します。

(3) 退社に関する課税

合同会社の社員の退社は、会社法606条に規定する任意事由による退社と、会社法607条に規定する法定事由による退社があります。いずれの場合にも退社した社員については、会社法611条の規定により、持分に対応する部分の払戻しを請求する権利が認められます。退社に伴う払戻しについても、出資と同様に資本取引に該当するため、原則として課税関係は生じません。

しかし、払戻しを受ける金額が払戻しを受ける部分に対応する金額と異なる場合には、法人社員であれば受贈益課税等、自然人たる個人社員であれば所得税課税又は贈与税課税が行われる可能性があるので注意が必要です。

3 有限責任事業組合

(1) 加入に関する課税

有限責任事業組合は、有限責任事業組合法24条1項の規定により、新たに組合員を加入させることができます。この場合には、有限責任事業組合契約書の変更となるため、有限責任事業組合法5条1項の規定により、総組合員の同意による有限責任事業組合契約書の変更が必要です。

新たに組合員になろうとする者には、当初の組合員と同様に出資の履行義務が課され、当該出資義務を履行した段階で組合員として認められることになります（有責24条2項）。このような行為については資本取引に該当するため、原則として課税関係は生じません。

(2) 現物出資に係る留意点

有限責任事業組合は各組合員の組合契約に基づく事業体であることから、法人格を有しない事業体であり、原則として有限責任事業組合自体が権利義務の主体となることができません。このため、有限責任事業組合自体が財産を所有

し，又は許認可等の許可・登録を行うことができません。

ただし，同じ法人格を有しない権利能力なき社団と違い，組合員の肩書付名義で財産の所持・登録は行うことができます。例えば，有限責任事業組合の肩書付名義で組合員が通帳を作成できること等が代表例となります。このように，組合員が肩書付名義で行った財産の所持・登録等については，有限責任組合の組合財産となります。

有限責任事業組合の組合財産は，各組合員の合有という形で所有することになります。この場合の合有とは，分割請求できない共有状態のことをいい，一般的に使われる共有とは少し異なる共有状態です。

このため，通常の金銭による出資については，原則的には合同会社との課税上の相違点がみられませんが，現物出資が行われた場合には，合同会社と比較して有限責任事業組合には，下記に述べるような相違点がみられます。

合同会社への現物出資については，所有権の全てが当該合同会社に移転するため，当該現物出資の全ての持分について出資を行った社員は譲渡課税を認識します。

これに対して有限責任事業組合への現物出資については，組合財産として有限責任事業組合を通じて各組合員の合有財産（共有財産）となるため，当該現物出資財産に係る自分以外の各組合員の持分に対応する部分について譲渡課税を認識することになります。

なお，組合財産を現物配当した場合についても同様の考え方がとられ，当該現物配当を行ったことにより持分の変更を伴う場合には，上記と同様の譲渡課税が適用されることになります。

(3) 脱退に関する課税

有限責任事業組合の組合員の脱退は，任意理由による脱退と法定理由による脱退があります。原則的に有限責任事業組合は任意脱退を認めておらず，例外的にやむを得ない事情がある場合又は定款に別段の定めがある場合に限り認めています（有責25条）。

脱退に伴う払戻しについても，出資と同様に資本取引に該当するため，原則として課税関係は生じません。

しかし，払戻しを受ける金額が払戻しを受ける部分に対応する金額と異なる場合には，法人社員であれば受贈益課税等，自然人たる個人である場合には所得税課税又は贈与税課税が行われる可能性があるので注意が必要です。

加入と脱退に関する課税

	合同会社	有限責任事業組合
加入	通常であれば課税関係なし	通常であれば課税関係なし
現物出資	持分の全てに譲渡課税を認識する	他の組合員に対応する部分について，譲渡課税を認識する
退社	通常であれば課税関係なし	通常であれば課税関係なし

5 消費税等の納税義務者

1 概　要

　法人課税が行われる合同会社は，当該合同会社自身が消費税等の納税義務者となります。

　これに対して，構成員課税が適用される有限責任事業組合については，当該有限責任事業組合の各組合員が消費税等の納税義務者となります。このため，有限責任事業組合は，各組合員において納税義務者となるかの判断や各種の特定適用の判断が必要となります。

2 合同会社に係る消費税等の納税義務者

　法人課税と同様に，合同会社が消費税等の納税義務者となります（消税2条1項4号，5条）。

　このため，小規模事業者に係る納税義務の免除（消税9条1項）の判定や，中小企業者の仕入れに係る消費税額の控除の特例（消税37条1項）などの適用についても，当該合同会社で行うことになります。

3 有限責任事業組合に係る消費税等の納税義務者

(1) 納税義務者

構成員課税と同様に，各組合員が有限責任事業組合に係る消費税等の納税義務者となります（消税2条1項3号・4号・5条，消基通1-3-1）。

このため，小規模事業者に係る納税義務の免除（消税9条1項）の判定や，中小企業者の仕入れに係る消費税額の控除の特例（消税37条1項）などの適用についても，当該各組合員ごとに行うことになります。

(2) 資産の譲渡等の認識

各構成員が，消費税法上の資産の譲渡等を認識する時期については，原則的な考え方としては有限責任事業組合が資産の譲渡等を行った都度，各組合員は当該有限責任事業組合が行った資産の譲渡等を分配割合に応じて認識するという考え方があります。

しかし，実務上の煩雑さ等を理由として，有限責任事業組合の計算期間終了の日に属する各組合員の事業年度又は年度に，当該計算期間における有限責任事業組合が行った資産の譲渡等を分配割合に応じて認識することができます（消基通9-1-28）。

(3) 連帯納付義務

有限責任事業組合の事業に係る消費税等の納税義務については，各組合員に連帯納付義務が生じます（国通9条）。この点は，有限責任事業組合の事業に係る所得課税と異なります。

6 比較検討

1 法人課税と構成員課税の比較

　合同会社と有限責任事業組合の税制上の違いは，法人課税となるか構成員課税となるかの違いとなります。両者を比べてみると，法人課税のほうが簡便であり，構成員課税損益の帰属方法や計算方法がやや複雑であると考えられます。

　利益の分配については，合同会社には配当二重課税が生じ，構成員課税には配当二重課税が生じません。このため，合同会社の法人社員又は個人社員には配当二重課税の排除規定が適用されます。

　損失の分配については，合同会社においては税務上認められません。有限責任事業組合については，税務上も損失の分配が認められているので，当該組合員は固有の所得との損益通算が可能です。

　このことは，法人課税が適用される合同会社は，利益が社員に配当されるまでは配当課税が行われないのに対し，構成員課税が適用される有限責任事業組合は，損益を有限責任事業組合の組合財産として留保しても，各組合員に帰属するものとして課税させることを意味します。

　合同会社は1人での設立が認められますが，有限責任事業組合は2人以上の組合員が必要となります。また，合同会社の社員には報酬・給与が認められますが，有限責任事業組合の組合員には報酬・給与は認められません。このため，合同会社の個人社員に対する報酬・給与には，給与所得控除の適用がありますが，有限責任事業組合の個人組合員には適用することが原則としてできなく

ります。

合同会社と有限責任事業組合の比較表

	合同会社	有限責任事業組合
課税方法	法人課税	構成員課税
消費税課税	会社（法人）	各組合員
利益の分配	二重課税が生じる	二重課税が生じない
損失の分配	税務上は認められない	税務上も認められる
報酬給与	認められる	認められない
最低人数	1名	2名
存続期間	原則的には永続する	存続期間に期限がある

2 合同会社と有限責任事業組合に適した事業

　上記の比較を検討すると，法人格を有する合同会社には法律上の確固たる地位が存在することや，社員への報酬・給与が認められる合同会社には，安定した利益が出ることを前提とした通常の事業を目的としたものに適していると考えられます。なお，1人又は1法人で行う事業については，有限責任事業組合を選択することができません。

　これに対して，有限責任事業組合は，特定分野の研究開発などのように，大きな利益とともに損失が発生することも見込まれる事業を共同して行う場合に適しているといえます。具体的には，大企業同士の共同事業や，中小企業の連携事業，異業種の共同事業などが適していると考えられます。

第VI章
合同会社の税制上の課題

1 総　説

　わが国の税制は，法人格を与えられた会社形態の事業体については，事業体自体が納税義務者となる法人課税が適用されます（法税4条）。
　一方，合同会社は法人格を付与された事業体でありながら，構成員を納税義務者とする構成員課税（パススルー課税）が適用される中間的事業体として経済界から期待されましたが，構成員課税の適用がされないという結論になりました。しかし，法人格の有無により法人課税となるか否かを決定する課税区分方式は世界共通のものではありません。

2 諸外国における事業体課税

1 アメリカ

　アメリカでは，州会社法に基づき設立され，所有と経営が分離されている法人については，独立した納税義務者となり，原則として法人税が課税されます。他方，個人事業者と経済的実態が同じである小規模法人（S法人）やLLCについては，持分割合に応じた構成員課税の選択が認められています。

　課税当局は，1960年のキントナー規則を設け，①組織の継続性，②経営の集中化，③構成員の有限責任制，④持分の自由譲渡性の4つの法人の類似性基準のうち，3つ以上に該当するものを法人とし，法人課税の事業体としました。

　しかし，多様な事業体を統一的に区分することは困難を極め，1996年に，納税義務者の判断で法人課税と構成員課税のいずれかを選択することができるチェック・ザ・ボックス規則が採用されました。

　アメリカにおいては，法人格は私人間の権利義務関係を規律する私法上の概念にすぎず，私法上の法人格と租税法上の課税関係とは連動していません[2]。

---

(2) 大杉謙一「組織法の観点からの新型LLCの論点」森信茂樹編著『合同会社（LLC）とパススルー税制』（金融財政事情研究会・2013）148頁。

2　イギリス

イギリスにおいては，わが国同様，法人格の有無により課税方式が峻別され，法人格を有する株式会社や有限会社は法人課税が適用されます。しかし，LLPは，わが国と異なり，法人格を有しているものと規定されていますが，構成員課税の対象となっています。

3　ドイツ

ドイツでは，株式会社，株式合資会社，有限会社は，独立した権利義務の主体である法主体性を有するとともに法人格も有しており法人税が課税されます。それに対して，合名会社や合資会社は，法主体性を有するが法人格を持たないため，持分割合に応じた構成員課税が適用され，課税上の取扱いがわが国と異なっています。

このようにドイツにおいては，法人格の有無により法人課税の適用が判断され，法主体性は法人課税の峻別基準とはなりません。わが国においては，法人格は法主体性を意味しますが，ドイツでは，別の概念とされています[3]。

4　フランス

フランスにおいては，合名会社・合資会社に関しては，持分割合に応じた構成員に対する構成員課税が原則ですが，法人課税を選択することもできます。ただし，合資会社の有限責任社員に配分される所得については法人課税の対象となります。なお，株式会社，株式合資会社，有限会社は，法人税が課税されます。

---

(3) 大杉謙一，前掲注（2），151頁。

5 まとめ

　諸外国においては，わが国のように，法人格を一律に法人課税の適用基準とする制度を採ってはおらず，法人形態をとっていても法人課税の対象となるとは限りません。

　諸外国では，事業体に対する法人課税の適用範囲が限られ，構成員課税の対象となる範囲が広く，実態に即した制度を採用しているといえます。そこで，日本において，合同会社に対する課税方法はどうあるべきかが問題となります。

3 合同会社と構成員課税

　合同会社をめぐる税制については，租税法上の法人として取り扱われていることから，法人である合同会社は法人課税が適用されます。

　一方，有限責任事業組合や投資事業有限責任組合は，実態が合同会社や合資会社と同じであり，一定の事業を遂行できるという点で法人に近いといえますが，法人格がなく法人と規定されていないので構成員課税が適用されています。

　また，合同会社同様，持分会社として分類される合名会社は，内部的には民法上の組合の規定が準用され，無限責任社員のみにより構成されることから，法人格の有無を別にすれば，実質的には民法上の組合と同じですが，合名会社は法人課税が，民法上の組合は構成員課税が適用されます。

　さらに，持分会社（合名会社・合資会社・合同会社）は法人格を有しますが，社員の損益分配の割合の規定により，損益は，定款の定めがないとき，出資割合に応じて社員に帰属するものとされていることから（会社622条），持分会社を法人課税の対象とするのではなく，構成員課税とするのが適切であり，諸外国の税制とも整合性があるということにもなります[4]。

　したがって，会社法において，合同会社の損益は原則として社員に帰属するものと規定されているにもかかわらず，法人格があるというだけで法人課税の対象とするのは，会社法に整合しないものであり，実態に即した課税であるということはできません。

---

[4] 朝長英樹＝鈴木　修「新たな事業体税制（法人税関係）のあり方」税経通信62巻10号（2007）125頁。

4 合同会社の税制の在り方

　わが国においては，法人格があるか否かによって，法人課税を行うか否かが決定される税制が採用されています。

　アメリカにおいては，法人格があるか否かにかかわらず，法人課税と構成員課税のいずれかを選択することができるチェック・ザ・ボックス規則が採用され，イギリスでは，わが国同様，法人格の有無により課税方式が峻別されますが，LLPは，わが国と異なり，法人格を有しているものと規定されているにもかかわらず，構成員課税の対象となっています。

　また，ドイツにおいては，合名会社や合資会社は，法主体性を有しますが法人格を持たないため，持分割合に応じた構成員課税が適用され，課税上の取扱いがわが国と異なっています。

　フランスでは，合名会社・合資会社に関しては，持分割合に応じた構成員に対する構成員課税が原則であるが，法人課税を選択することもできます。

　このように諸外国においては，わが国と同様の制度が用いられているとは限りません。法人該当性を判断することは，国によって法制度がさまざまであることから，恣意的で予測不可能なものになりかねないばかりでなく，手続の煩雑さ，費用，時間等多大な負担がかかることになります。

　さらに，私法上の法人の意義は，私法においても基本的かつ重要な概念であり，その意義を探求するとしても，議論は百出の状態となる可能性が高く，解釈論として1つの見解に整理し明確化することは極めて困難です[5]。

---

(5) 北村導人「事業体課税と新型LLCの創設に関する課題」森信茂樹編著『合同会社（LLC）とパススルー税制』（金融財政事情研究会・2013）73頁。

第Ⅵ章　合同会社の税制上の課題

　国の内外を問わず，新たな事業体が出現するたびに，その準拠法解釈や事実認定，税法解釈の問題が発生し，納税者及び課税庁双方にとって大きな負担であり，納税者の予測可能性や法的安定性の観点からも解釈論に委ねるのではなく，立法的に解決を図るべきです[6]。

　現在の法人制度は多様化し，法人格の有無によって法人課税の対象となるか否かを決定することは必ずしも適当とはいえなくなってきました。法人格という概念は，各国に共通する概念ではないことから，実態に即した課税を行う必要があり，法人課税の対象となる事業体が，法人格の有無により決定されるということは実態を無視したものということになります。

　したがって，合同会社に構成員課税を適用することにより，会社の所得に対して法人税は課税されず，各構成員に対し即時に所得税が課税されるので，課税の繰延べの問題は生じません。さらに，二重課税排除のための受取配当金の配当控除や受取配当等の益金不算入による調整が不要であり，構成員は損益通算ができ（所税69条），純損失の繰越控除（所税70条）や繰戻し還付（所税140条）の制度を活用することができます。また，公平・中立・簡素の観点からも妥当であるとともに実態に即した課税方法であり，合同会社の税制として採用すべきです。

　ただし，損益通算による租税回避を防止するための何らかの方策を検討する必要があります。具体的に租税回避となる行為を明確に規定し対応しなければなりませんが，経済産業省が表明していた，複数の企業が共同で出資する合同会社と共同出資企業の間での損益通算が実現すれば，法人税額を圧縮できます。さらに，赤字の事業を切り離してコストを減らす事業再編を促進することも可能となり，日本経済の競争力強化の観点から認めるべき重要な事項です。

　外国の法令により準拠設立された事業体が，わが国の法人に該当するか否か，法人課税と構成員課税のいずれを適用すべきかの判断基準について，租税

---

(6) 白木康晴「外国事業体をめぐる課税上の問題について－アメリカのリミテッド・パートナーシップを中心に－」税大ジャーナル15号（2010）67頁。

法においては法人の定義がなく明確な基準もありません。そのため，近年，外国事業体の法人該当性をめぐる納税者と課税庁との見解の相違が争訟に発展するケースが多くみられます。

　わが国のように，法人格の有無により法人課税となるか否かを決定する課税区分方式は世界共通のものではなく，法人形態をとっていても法人課税の対象となるとは限りません。

　したがって，合同会社について構成員課税を適用することは，多くの税制上の問題を解決することができ，諸外国の税制及びわが国の会社法とも整合性があり，わが国の納税者の予測可能性や法的安定性の観点からも合理的であり，実態に即した税制であるといえます。

〔初出〕拙稿「合同会社をめぐる税制」税経通信987号（2014）17頁〜23頁（加除修正）。

第VII章
合同会社の利用形態

1 ジョイント・ベンチャー

　ジョイント・ベンチャーとは，自社単独では限界があることから，自社の経営資産を他社に利用させること，若しくは他社の経営資産を利用することで，当事者双方の事業上のメリットを目的とした共同企業体のことをいいます。

　複数の企業が，新製品や研究開発などのために，特定の共同事業を行う目的で共同出資により会社を設立する場合，これまでは株式会社を設立することが一般的でした。しかし，株式会社は，株主総会や取締役会をその都度開催し意思決定しなければならず，余分な費用や時間がかかり，機関設計や利益配分に制約があることから，株主総会や取締役会の機関を設置する必要はなく，出資者である社員間の合意で意思決定ができる合同会社が注目されています。

　さらに，合同会社の利益の配当は，必ずしも出資割合によらなくてもよく，定款に定めることにより，収益の貢献度合に基づいて分配することもでき，外部からの出資者を募る必要もなく，スピーディーで機敏な経営ができる会社類型として最も適しているといえます。

　また，株式会社の場合には，法人が役員になることはできませんが，合同会社は，法人が業務執行社員（役員）になることができ，役員の任期の制限もないことから，役員変更登記の手続は必要ありません。さらに，設立時には，公証人による定款の認証が不要であり，設立費用も安く済み，計算書類等の決算公告義務もありません。その後，収益が安定し事業規模が拡大する場合には，株式上場に向けて株式会社へ組織変更することも可能であり，合同会社は，既存の企業間あるいは個人間のジョイント・ベンチャーのビークルとしての活用が期待されています。

2 大企業の子会社

　子会社は，親会社の意向や方針により運営され，親会社の信頼や知名度をベースに事業を行うことが多いので，会社形態が株式会社である必要性はありません。さらに，法人が代表社員になれるうえ，迅速な意思決定が可能であり，設立のコストや運営の維持費も安く済む会社形態である合同会社が，子会社として活用される例が増加しています。

　また，アメリカにある完全親会社の完全子会社として，日本において事業活動を行っている場合には，日本の完全子会社の利益をアメリカの完全親会社に配当しても，アメリカのパススルー課税が適用されることから，その段階では課税されません。例えば，アップルの日本法人のアップルジャパン合同会社，P&Gプレステージ合同会社，ユニバーサルミュージック合同会社，日本アムウェイ合同会社，アマゾンジャパン合同会社，ワーナーブラザーズジャパン合同会社，ウォールマート傘下の合同会社西友などが挙げられます。

3 持株会社

　合同会社は，株式会社と比較しても，設立費用が安く設立手続も簡単で，機敏な意思決定ができることから，持株会社としてよく利用されます。

　持株会社が複数の会社の株式を所有し，それらの会社を経営している場合には，会社の経営を支配することができます。また，後継者に持株会社の株式を贈与又は遺贈することにより，それぞれの会社の株式の分散を防止し，事業承継を容易にすることができます。さらに，株価上昇を抑制することにより，贈与税又は相続税の負担を軽減することもできます。

　持株会社は，それ自体で事業活動を行うことがないので，対外的な信用度や知名度はあまり重要ではないことから，株式会社によらなくても，合同会社のメリットを有効に活用する方が得策です。

4 農業・漁業の法人化

　農業及び漁業は，従事者の高齢化や後継者不足などの深刻な問題を抱えていることから，経営の法人化が重要な対策とされ，農林水産省でもそのメリットを次のように挙げています。①経営管理能力の向上，②信用力の向上，③経営発展の可能性の拡大，④従事者の福利厚生面の充実，⑤経営承継の円滑化，⑥新規就労の受け皿，⑦節税，⑧融資限度額の拡大，などです。

　特に，農業においては，農事組合法人は農業経営に係る共同利用施設の設置やこれらに付帯する事業以外の事業を行えないこと，設立時に3人以上の農民が必要である等の制約がありますが，そのような制限はなく，設立手続が簡単でコストも安く，機関設計も自由で，社員間の合意で意思決定が可能な合同会社が注目されています。

　また，漁業においては，漁業権という参入規制があり，企業が単独で漁業を行うことはできませんが，漁業権を有する漁師と経営能力や資金を有する企業の共同事業で，柔軟性があり迅速で機敏な経営をすることができる合同会社の活用が期待されています。

5 資産の流動化・証券化のためのビークル

　資産の流動化・証券化とは，資産（不動産，金銭債権，知的財産権，動産）の所有者がビークル（器）としての合同会社に資産を移転し，資産が生み出す運用益や売却益等を裏付けとして有価証券等を発行することにより資金調達を行う手法です。運用資産を実物資産ではなく信託受益権とし，借入（ノンリコース・ローン[7]）と匿名組合出資を組み合わせて資金を調達します。

　合同会社をビークルとして活用するのは，合同会社は会社更生法の適用がないことから，株式会社のように会社更生法の適用により，担保権が更生担保権に変更されるリスクがないこと，また，会社の設立手続や運用が簡易で設立コストや維持コストが低く済むことなどが挙げられます。

　また，一般社団法人を合同会社の唯一の社員とし，職務執行者を公認会計士等の倒産隔離に協力的な第三者のみとすることにより，合同会社と関係者の資本関係及び人的関係を遮断することで，関係者の倒産による影響を排除することができます。このことにより倒産隔離が果たされ，投資家が資産投資とは関係のないリスクを負うことを防ぐことができます。

　さらに，匿名組合[8]の営業者である合同会社は課税主体ですが，法人税基本通達14-1-3において，匿名組合の営業者は，匿名組合契約に基づいて匿名組

---

[7] ノンリコース・ローンとは，借入の返済に対する責任範囲を限定する融資方式のことをいいます。返済は担保の範囲内に限定され，担保の売却価格やキャッシュフローの範囲以上の返済義務を負うことはありません。
[8] 匿名組合とは，相手方（営業者）の営業のために一方（匿名組合員）が出資を行い，その営業により生じる利益の分配を受けることを約束する契約形態をいいます。

合員に支払われるべき利益配当を損金算入することが定められています（ペイスルー課税）。これにより二重課税が回避でき，導管性の確保を図ることができます。

索 引

〔アルファベット〕

LLC ································· 5 203
LLP ····················· 3 8 204 207
S法人 ······························· 203

〔あ行〕

一人会社 ···························· 77 97
異動届出書 ··············· 121 145 151
違法配当 ···························· 53 57
受取配当金 ····························· 142
受取配当金の益金不算入 … 184 185 186
  208
受取配当金の配当控除 ················ 208

〔か行〕

会計監査限定監査役 ····················· 91
会計帳簿 ································· 38
解散 ······················· 68 78 100
解散事由 ················ 10 68 78 100
解散登記申請書 ·························· 69
解散によるみなし事業年度 ············ 165
解散の登記 ············ 62 69 88 96 104
  105 152 164
会社債権者保護 ············ 84 87 93 106
会社成立の日 ····························· 22
会社分割 ······················ 66 85 88
課税の繰延べ ··························· 208
肩書付名義 ···················· 10 76 195
合併 ································ 66 84
合併契約 ································· 66
株式 ····································· 92
株式移転 ····· 67 85 88 93 95 100 103

株式会社 ····························· 3 97
株式買取請求権 ························· 100
株式交換 ····· 67 85 88 93 95 100 103
株式交換契約 ···························· 67
株式の時価 ····························· 136
株式の譲渡 ····························· 100
株主 ····································· 92
株主平等の原則 ························· 102
株主保護 ································ 103
株主名簿 ································· 92
監視権 ···································· 77
間接有限責任 ······················· 21 28
間接有限責任社員 ··········· 5 87 89 97
期末欠損てん補責任 ····················· 54
吸収合併 ································· 66
吸収分割 ································· 66
求償権 ······························ 32 53
求償権の制限 ······················ 53 57
休眠会社のみなし解散制度 ······· 90 100
競業取引 ···························· 35 70
業績悪化改定事由 ············· 115 117
業績連動給与 ··························· 117
共同企業体 ····························· 212
共同事業 ·················· 107 200 215
共同事業性 ················ 8 77 106 176
業務執行権 ·························· 33 82
業務執行社員 ···· 5 28 33 60 74 82 93
  96 98 104
漁業権 ·································· 215
組合員 ···················· 9 77 180 192 194
組合員に対する損益の帰属時期 ······· 172
組合員の加入に関する課税 ············ 194
組合員の脱退に関する課税 ············ 195
組合課税 ································ 171
組合契約 ···························· 77 79
組合的規律 ················ 3 23 76 81 90
繰越欠損金控除 ························· 187

経済的合理性基準……………………178
経済的利益………123 127 129 131 138
計算書類……………………………………39
計算書類の閲覧又は謄写の請求…38 39 82 83 88
形式基準……………………………………118
契約自由の原則………………………9 102
決算公告………7 39 81 88 90 99 103 105 212
欠損額………………………………………54
検査役の調査…………………………92 98
減資による欠損てん補…………………142
原則的評価方式…………………………132
現物出資……………84 92 98 192 194
現物出資財産に係る譲渡課税…………195
公開会社……………………………………2
高額譲渡……………………………………129
公告の方法……………………………15 24
合資会社…………………………………2 3
公証人の認証…………12 81 97 98 212
構成員課税……3 5 8 199 202 206 208
合同会社……………………………3 5 168
合同会社に対する課税…………………169
合名会社…………………………………2 3
合有…………………………………………195
効力発生日…………………………………65
子会社………………………………………213
個人組合員……………172 174 184 189
個人社員……………………………………193
誤認行為による責任………………………29
個別注記表…………………………41 111

〔さ行〕

債権者異議申述手続………………………64
債権者保護………………78 83 144 188
債権者保護手続………………32 46 48 59
財産価格填補責任…………………………98

財産目録等…………………………………71
最低資本金制度……………………………93
残余財産……………………………………165
残余財産の分配……………………………72
事業体…………………………………168 208
事業体課税…………………………………203
事業年度……………………………15 165
資産の部……………………………………40
資産の流動化・証券化…………………216
事前確定届出給与………………………115
実質基準……………………………………118
指定買取人…………………………………100
支払調書……………………………148 161
資本金の減少………………………………46
資本に関係する取引等に係る税制……179
社員……14 21 28 32 81 123 129 206
社員資本等変動計算書…………………41 110
社員総会……………………………………16
社員の加入…………………………………29
社員の加入に係る課税…………………119
社員の責任…………………………………28
社員の責任の消滅時効……………………72
社員の退社…………………………30 146
社員の退社に関する課税………………194
社会通念上相当……………………123 124
受贈益………………………123 128 131 193
出資…………………………………9 21 82
出資の払込み……………………120 123
出資の払戻し……………46 56 83 145
出資払戻額……………………57 83 146
種類変更…………………………61 87 95 163
純額方式……………………………………173
純資産価額方式…………………………132
純資産額……………………………………59
純資産額規制………………78 93 99 103
純資産の部……………40 110 154 159
ジョイント・ベンチャー…………107 212

小規模法人	203	組織変更	63 85 88 96 102 105 152 158 160
商号	14	組織変更計画	63 64
譲渡制限株式	100	組織変更等に関する課税	152
使用人兼務役員	114	租税回避行為	77 80 176 179 180 208
消費税等の納税義務者	197		
消費税等の連帯納付義務	198	租税回避防止策	176 177 180
消費税法上の資産の譲渡等	198	損益計算書	40 110
剰余金額	47 56 59 83 146	損益通算	8 139 169 172 181 208
職務執行者	5 28 34 82 91	損益の分配	6 50 138 184
知れている債権者	49 60 71	損益の分配に係る課税	138
新株予約権	92	損益分配に対する課税	169 188
新設合併	66	損害賠償責任	6 35 76 91 99
新設分割	66	損失	50
親族等	125	損失のてん補	46 142 143 145
信用出資	9 76 82 87 97 106	損失の分配	50 138 169 181 184 186
清算	69 85 100	損失分配の課税	188
清算開始原因	69	存続期間	79
清算人	70 73 76 85 90		
整備法	2	**〔た行〕**	
責任免除規定	91		
絶対的記載事項	13 79	大会社	2
絶対的必要設置機関	91 98	貸借対照表	40 110
折衷方式	132	退社した社員の責任	31
設立手続	12	代表権	34
設立の登記	23 62 66 79 82 88 96 104 105 152 164	代表社員	34
		代表清算人	71
設立の取消し	21	脱税行為	176
設立の無効	21	チェック・ザ・ボックス規則	5 203 207
設立費用	98		
全額払込主義	6 21 29 82 87 92	中間的事業体	202
全株式譲渡制限会社	2 97	中間方式	173
善管注意義務	35	忠実義務	35 70
総額方式	173	中心的な同族株主	133 135
総株主の同意	91	調査権	34
相対的記載事項	14	帳簿資料の保存	72
組織再編	66 78 84 88 93 95 100 103	直接無限責任社員	86 89
		直接有限責任社員	74 84 86 89

低額譲渡 …………………………… 127
定款 ………………………………… 12
定款自治 ……… 6 81 91 102 105 106
定款認証料 ………………………… 98
定款の変更 …… 23 29 30 61 62 63 81 85
定期同額給与 ……………………… 114
電子公告 ………………… 15 24 64 144
電子署名 …………………………… 13
電磁的記録 ………………………… 13
導管性 ……………………………… 217
登記事項 …… 74 86 87 94 96 101 103 104 105
登記手続 ……………… 62 65 69 73 95
倒産隔離 …………………………… 216
投資事業有限責任組合 …………… 206
同族会社 ………………… 125 177 178
同族会社の行為計算否認 ………… 178
同族株主 ………………… 131 132 135
同族関係者の範囲 ………………… 126
登録免許税 ………………… 62 69 98
特定同族会社 ……………………… 179
特定同族会社の留保金課税制度 … 179
特別清算 …………………… 91 100
匿名組合 …………………………… 216
特例有限会社 ………………… 2 90
取締役の重任登記 …………… 6 107

〔な行〕

内国法人 …………………………… 10 77
内部自治原則 …………………… 3 8
内部留保 …………………………… 77
二重課税 ……… 8 80 169 171 184 185 208 216
任意清算 ……………… 69 85 88 106
任意設置機関 ……………………… 91
任意退社 …………………… 30 192

任意的記載事項 …………………… 15
農業・漁業の法人化 ……………… 215
農事組合法人 ……………………… 215
ノンリコース・ローン …………… 216

〔は行〕

配当課税 ………… 80 169 179 184
配当還元方式 ……………………… 132
配当控除 ………………… 142 184 186
破産手続開始 ………………… 70 91
パススルー課税 ……… 3 5 8 139 171 202 213
ビークル …………………………… 216
非公開会社 ……………………… 2 97
非同族会社対比基準 ……………… 178
評価会社 …………………………… 132
負債の部 …………………………… 40
不相当に高額 ……………… 114 118
分配可能額 …………………… 78 93
分配割合 ………………… 185 188
報酬・給与 ………………………… 199
法主体性 …………………………… 204
法人 …… 9 10 28 119 128 147 170 207 208 209
法人該当性 ………………… 207 209
法人格 ………… 10 68 90 97 202 205
法人課税 ………… 8 168 202 204
法人業務執行社員 ………… 34 102 212
法人組合員 ………………… 172 173 189
法人社員 ………………… 119 123 129 193
法人社員に支給する給与 ………… 119
法定清算 …………… 69 85 88 90 100
法定退社 …………………… 30 192
発起設立 …………………………… 81

〔ま行〕

みなし事業年度 …………………… 15

みなし譲渡課税……………………134
みなし配当………………147 156 161
無限責任社員……29 61 82 83 86 106
持株会社……………………………214
持分会社…………………2 3 81 206
持分の譲渡………………28 99 127
持分の増減……………………………6
持分の払戻し…………47 58 84 146

〔や行〕

役員給与……………………………114
役員給与に係る課税………………114
有限会社…………………………2 90
有限責任事業組合……3 8 76 168 206
有限責任事業組合契約………………8
有限責任事業組合の課税…………170
有限責任社員……29 61 82 83 87 90 106

有限責任制…………3 8 9 10 106 203
有利発行に該当する場合の課税……193

〔ら行〕

利益……………………………………50
利益額…………………………52 53 141
利益相反取引……………………36 70
利益の供与…………………………124
利益の配当………………51 141 212
利益の配当に係る課税………141 185
利益の分配………………50 169 199
利益配当請求権………………………51
利益配当に関する責任………………53
利益配当の制限………………………52
臨時改定事由………………115 116
類似業種比準価格方式……………132
連結納税制度………………171 179
労務出資……………9 76 82 87 97 106

223

〈参考文献〉

『持分会社・特例有限会社の制度・組織変更と税務』葭田英人編著（中央経済社・2013）
『中小企業と法（第二版）』葭田英人（同文舘出版・2015）
「新基本法コンメンタール会社法3」奥島孝康・落合誠一・浜田道代編（日本評論社・2011）
『論点体系　会社法4』江頭憲治郎・中村直人編著（第一法規・2012）
『持分会社の登記の手続』立花宣（日本法令・2009）
『法人税基本通達逐条解説』小原一博編著（税務研究会出版局・2016）
『所得税基本通達逐条解説』三又修・樫田明・一色広己・石川雅美共編（大蔵財務協会・2017）
『相続税法基本通達逐条解説』大野隆太編（大蔵財務協会・2018）
『財産評価基本通達逐条解説』北村厚編（大蔵財務協会・2018）
『消費税法基本通達逐条解説』濱田正義編（大蔵財務協会・2018）
『合同会社・LLPの法務と税務』根田正樹・矢内一好（学陽書房・2005）
『日本版LLP実務ハンドブック』宮田房枝・香取雅夫・五十嵐一徳（商事法務・2006）
『LLC・LLPの制度・会計・税務』中島祐二（中央経済社・2006）
『Q＆A同族会社と役員をめぐる税務』衛藤政憲（大蔵財務協会・2010）
『組合事業の会計・税務』木村一夫（中央経済社・2012）
『日本版LLPのすべて』川田剛・山田＆パートーナーズ（税務経理協会・2005）

編著者紹介

葭田　英人　（よしだ　ひでと）　　　　（第Ⅰ章，第Ⅱ章5-7，第Ⅲ章，第Ⅵ章，第Ⅶ章）

神奈川大学法学部・大学院法学研究科教授。

1952年石川県生まれ。東京教育大学（現筑波大学）卒業。筑波大学大学院経営政策科学研究科企業法学専攻修了。琉球大学法文学部・大学院人文社会科学研究科教授を経て現職。

【主要著書】

『持分会社・特例有限会社の制度・組織変更と税務』編著（中央経済社・2013）

『中小企業と法（第二版）』（同文舘出版・2015）

『信託の法制度と税制』（税務経理協会・2017）

『基本がわかる会社法』（三省堂・2017）

『会社法入門（第五版）』（同文舘出版・2017）

執筆者紹介

金城満珠男　（きんじょう　ますお）　　　　　　　　　　　　（第Ⅱ章1-4）

税理士。税理士法人　オーケイ税理士合同事務所　代表社員。

1961年沖縄県生まれ。琉球大学法文学部経済学科経営学専攻卒業。琉球大学大学院実務法学領域修士課程修了。

沖縄税務経理学院勤務（副学院長）等を経て現職。現在，沖縄キリスト教学院大学監事，沖縄税理士会北那覇支部支部長。

酒井健太郎　（さかい　けんたろう）　　　　　　　　　　　　　（第Ⅳ章）

税理士。さかい税理士事務所代表（川崎市）。

1970年大阪府生まれ。龍谷大学法学部卒業。神奈川大学大学院法学研究科法律学専攻博士前期課程修了。

【主要著書】

『持分会社・特例有限会社の制度・組織変更と税務』共著，葭田英人編著（中央経済社・2013）

内田　光　（うちだ　ひかる）　　　　　　　　　　　　　　　（第Ⅴ章）

税理士。内田光税理士事務所所長。

1974年東京都生まれ。神奈川大学卒業。神奈川大学大学院法学研究科法律学専攻博士前期課程修了。

著者との契約により検印省略

平成25年12月25日	初　版　発　行
平成26年7月10日	初版第2刷発行
平成27年8月30日	第　二　版　発　行
平成29年1月20日	第二版第2刷発行
平成31年3月30日	第　三　版　発　行

合同会社の法制度と税制
（第三版）

編著者　葭　田　英　人
著　者　金　城　満　珠　男
　　　　酒　井　健　太　郎
　　　　内　田　　　　　光

発行者　大　坪　克　行
印刷所　美研プリンティング株式会社
製本所　牧製本印刷　株式会社

発行所　東京都新宿区　　　株式　税務経理協会
　　　　下落合2丁目5番13号　会社
郵便番号　161-0033　振替　00190-2-187408　電話（03）3953-3301（編集部）
　　　　　FAX（03）3565-3391　　　　　　　　　（03）3953-3325（営業部）
URL　http://www.zeikei.co.jp/
乱丁・落丁の場合はお取替えいたします。

ⓒ　葭田英人・金城満珠男・酒井健太郎・内田光　2019　　Printed in Japan

本書の無断複写は著作権法上での例外を除き禁じられています。複写される場合
は、そのつど事前に、㈳出版者著作権管理機構（電話03-3513-6969、FAX03-
3513-6979、e-mail：info@jcopy.or.jp）の許諾を得てください。

JCOPY ＜㈳出版者著作権管理機構　委託出版物＞

ISBN978－4－419－06615－4　C3032